Eres el amor de tu vida

Eres el amor de tu vida

52 ejercicios prácticos para mejorar tu autoestima

Marta Parella

VERGARA

Papel certificado por el Forest Stewardship Council®

Primera edición: noviembre de 2022

© 2022, Marta Parella
© 2022, Penguin Random House Grupo Editorial, S. A. U.
Travessera de Gràcia, 47-49. 08021 Barcelona

Printed in Spain – Impreso en España

ISBN: 978-84-19248-42-8
Depósito legal: B-16.706-2022

Compuesto en M. I. Maquetación, S. L.

Impreso en Romanyà Valls, S. A.
Capellades (Barcelona)

VE 4 8 4 2 8

ÍNDICE

SEGUNDA PARTE
SI TE CONOCES PUEDES QUERERTE

TERCERA PARTE
TIENES UN SUPERPODER: PROGRAMA TU MENTE EN POSITIVO

CUARTA PARTE
EMPODÉRATE PARA CONSEGUIR LA VIDA QUE QUIERES

POR QUÉ YO Y POR QUÉ ESTE LIBRO

Cada día me llegan mensajes con historias personales, gente que vive de forma automática y que un día decide escucharse y ve que algo no funciona. Entonces contactan conmigo para ver si puedo ayudarlos.

Te dejo aquí algunas situaciones:

«Soy muy insegura, siempre dejo que los demás decidan por mí. Siento que soy invisible, por mucho que me esfuerce».

«Sé que tengo dependencia emocional de mi pareja, quiero dejarlo, pero no soy capaz. La ansiedad me machaca cada día, y sé que es por culpa de no quererme lo suficiente».

«Sé que necesito un cambio, no estoy contenta con mi vida, pero no sé ni por dónde empezar, porque tengo una vida que aparentemente debería hacerme feliz».

«La indecisión por mi falta de confianza en mí misma hace que no avance en mis proyectos profesionales, y que rompa con mis parejas por miedo al rechazo».

«Soy una persona que constantemente está preocupada por que me puedan rechazar o desaprobar. Necesito mejorar mi autoestima».

«Me encuentro en una situación personal en la que siento que necesito estar sola, pero me siento incapaz de romper la relación que mantengo desde hace ocho años. No me tengo en cuenta, y a consecuencia de ello estoy todo el día irritable y de mal humor».

«Tengo estrés crónico, no delego, ni tampoco pongo límites, tengo claro lo que debería hacer, pero no sé cómo. Esto hace que me sienta triste y desmotivado».

«En mis relaciones sentimentales busco llenar los vacíos de mi infancia, sé que tengo muchas cualidades, pero no sé valorarme».

«Siempre pienso que no valgo lo suficiente ni profesional ni personalmente. Tengo complejo de inferioridad desde la infancia, sufrí *bullying* y sé que eso me ha marcado».

«Soy una persona muy perfeccionista en el trabajo, en los estudios, con mi físico, en mi relación de pareja, con el dinero, etc. Vivo sintiendo permanentemente que me falta algo o que puedo hacerlo mejor. Es agotador».

«Estoy pasando por una época en que me siento muy insegura, y eso hace que sienta celos de mi pareja, porque pienso que me va a dejar».

«No me priorizo, todo el día doy a los demás, he dejado de hacer deporte y de cuidarme. No me reconozco, y eso hace que cada vez me guste menos mi cuerpo. No sé cómo volver a recuperar el control de mi vida».

«No sé gestionar mis emociones en momentos de estrés laboral, y esto me genera una gran frustración, me deprimo y no consigo alcanzar mis objetivos».

Todas estas personas tienen algo en común. Cuando les pregunto qué han hecho para mejorar su situación, me dicen que han leído libros de autoayuda, han participado en talleres para mejorar su autoestima y su gestión emocional, algunos han ido a terapia, y han obtenido resultados, pero que con el tiempo se les ha olvidado lo aprendido y han vuelto a las andadas. Por eso buscan soluciones prácticas, con rutinas que puedan integrar en su día a día y que se prolonguen en el tiempo.

Una respuesta muy habitual es «la teoría ya me la sé, podría hasta dar clases de autoestima, pero no sé cómo aplicarla en mi vida». Por eso me buscan a mí, y aquí te cuento por qué.

Todo mi entorno coincide en que tengo dos virtudes, soy muy práctica, me gustan las cosas fáciles, siempre busco cómo simplificar y evitar complicaciones. Me sale de forma natural, tanto en mi vida como en la de mi entorno. Y la segunda virtud es que se me da bien escuchar y aportar pequeñas soluciones a cualquier problema (siempre he llevado una coach dentro sin saberlo). Es decir, que soy la solucionadora oficial de mis amigos, de mi familia…

Cuando estudié coaching me dieron mucha teoría, me contaron el QUÉ, pero por mi naturaleza eminentemente práctica, orientada a dar con soluciones, por lo demás fáciles, siempre he ido en busca del CÓMO. He asistido a mil cursos y formaciones, he leído montones de libros, siempre buscando esa parte práctica que pudiera aplicar en mi día a día para notar una mejora personal. Y no la encontré.

Te cuento con más detalle. Cuando hablamos de autoestima, la teoría dice que tienes que valorarte, tienes que poner límites, tienes que confiar en ti, y aprender a pasar del qué dirán. Todo esto es el QUÉ. Y yo pensaba: «Todo esto es muy bonito, pero si no me dices CÓMO hacerlo, con pequeños ejemplos, y me enseñas a aplicarlo en mi día a día, me quedo igual». Así que decidí darle forma a este CÓMO, con pautas, ejercicios y herramientas que facilitasen las cosas. Y para ello empecé a crear una mochila de herramientas que usaría en mis procesos, a fin de allanarles el camino hacia el cambio a todos mis clientes.

La idea de este libro surgió en diciembre de 2021. Un día que me sentía especialmente inspirada, garabateé en una libreta el borrador de un esquema que incluía una serie de ejercicios básicos, en mi opinión indispensables para mejorar la autoestima. Llevaba ya dos años acompañando a mujeres (y a algún hombre también) en sus procesos de coaching para mejorar su autoestima, y vi que todos ellos tenían algunos puntos en común.

Faltaba autoconocimiento, había muchas creencias limitantes, no sabían cómo darse valor ni cómo confiar en sí mismas. Y algunas emociones como la culpa y la frustración les amargaban la existencia. En casi todos los procesos trabajábamos los mismos ejercicios, así que pensé: «¿Y si tuviéramos un libro con los ejercicios necesarios para mejorar la autoestima de una forma práctica y que incluyera una guía?»... Y de ahí surgió el esquema en la libreta.

Este libro es el resumen de toda la teoría que he estudiado pasada a la práctica. Es el libro que me hubiese gustado tener cuando acabé de estudiar coaching. Una pequeña guía de CÓMO aplicar todo el conocimiento que tengo en mi cabeza.

Que sea un libro que te facilite el camino no significa que sea un libro fácil. Es un libro que exige ponerle ganas, implicación, trabajo duro. Habrá momentos en que querrás dejarlo, harás resistencia, a veces nuestra mente intentará sabotearnos… Entonces visualízate al final del camino, cuando realmente sientes que tienes el control, que ya no vas en piloto automático y que tú decides tu vida.

Nuestra misión en esta vida es la de conocernos más, sabernos más, entendernos más, pensarnos más. Solo podemos querer aquello que conocemos. Conocernos significa amarnos, porque aprendemos a aceptar quienes somos, a mejorar aquello que queremos cambiar, a sacar a flote esa luz que muchas veces no podemos ver; somos capaces de brillar sin apagar a otros, y además somos una fuente de inspiración para nuestro entorno.

Vivimos de forma automática, condicionados por muchos factores, por el lugar donde nacemos, la cultura, por nuestro nivel económico, nuestro entorno, y lo más importante es que no nos damos cuenta. Damos por sentado que escogemos cómo vivir, qué hacer, qué sentir, con quiénes nos relacionamos, nuestro trabajo, si tenemos pareja o familia… ¿Cuánto de lo que tienes lo has elegido realmente tú? Si hubieses nacido en casa de tu vecino, ¿serías la misma persona?

Decide, construye, elige tu vida

Siempre comparo la autoestima con una hoja en blanco; cada uno tenemos una. Imagina que todo lo que está dibujado en este folio es lo que te define como persona. Si tu folio está en blanco porque no sabes quién eres, cualquier persona con la que te encuentres en tu vida irá pintando en esa hoja lo que quiera con sus comentarios sobre lo que piensa ti. Lo que hace la gente con sus comentarios es proyectar sus miedos e inseguridades. La clave para que todo esto no nos afecte es tener una imagen clara y definida de quiénes somos, cuáles son nuestros valores, nuestras fortalezas, qué es lo que queremos y lo que no queremos en esta vida.

Solo cuando tengas tu hoja bien dibujada, te sentirás capaz de pasar de lo que digan los demás, de poner límites firmes y de diseñar esa vida ideal que refleje quién eres tú. Y mi intención es ayudarte a pintar esta hoja con los ejercicios de este libro.

¿Qué vas a encontrar en este libro?

A continuación, te propondré 52 ejercicios, uno para cada semana del año, divididos en cuatro bloques. Se pueden hacer de manera ordenada o según tu elección. Te ayudarán a conocerte, y yo te acompañaré mientras diseñas tu vida, te descubres a ti misma, te cuestionas, y haces limpieza de todo aquello que ha ocupado un espacio en tu vida, pero que realmente ya no quieres que siga estando ahí. Este libro es un reto, es una transformación, si lo completas, en un año puedes conseguir grandes cambios.

¿Por qué siguen este orden?

Primero necesitarás reunir un poco de energía para poder conocerte. Te invito a emprender conmigo un recorrido por todos aquellos factores que, tras muchos procesos de coaching, he comprobado que nos restan mucha energía, desenfocan nuestra mente, nos impiden avanzar. Y lo que queremos precisamente es avanzar. Son 13 ejercicios con una serie de puntos concretos que deberás analizar, valiéndote de ejemplos reales que te harán más fácil la tarea.

El bloque dos es de autoconocimiento. En la escuela nos enseñan Matemáticas, Historia, a hacer ecuaciones de quinto grado… pero no nos enseñan a gestionar las emociones, a hablar con asertividad, a saber comunicarnos, a resolver un conflicto con un compañero o a superar un bloqueo personal. A través de ejemplos, preguntas, ejercicios, vas a descubrir en qué lugar estás, qué vida es la que realmente quieres tener.

Una vez que te conoces, necesitas programar tu mente en positivo para mantener los cambios que has decidido que llevarás a cabo, pues es muy fácil volver a los patrones que conocemos, es más cómodo y eso puede desencadenar una lucha enconada contigo misma. Estos ejercicios te facilitarán el camino, el cambio, para programar la mente en positivo.

Y, por último, pero igual de necesario, el empoderamiento. Sentir que eres capaz de conseguir lo que te propongas, que te mereces eso que tanto deseas alcanzar. Son ejercicios pensados para apoyar el nuevo diseño de tu vida, para que nada pueda frenarte. Para que seas tú misma quien apoye con más entusiasmo la importante decisión que has tomado: ser el amor de tu vida.

Te recomiendo hacer un ejercicio a la semana, por un motivo muy simple: igual que el galgo cuando persigue un conejo no persigue cinco, sino que se enfoca en uno, la mente humana necesita foco, necesita una orden clara, si no se dispersa y abandonarás este proceso de cambio por no ver resultados.

PRIMERA PARTE

PON EL FOCO EN TU VIDA Y AUMENTA TU ENERGÍA

Eres libre de enfocarte en lo que quieras. Solo necesitas saber cómo hacerlo. Tenemos un sinfín de estímulos a nuestro alrededor que hacen que nuestra mente se disperse y no consigamos alcanzar nuestros objetivos.

No pretendo darte una clase de Neurociencia ni explicarte cómo funciona el cerebro. Pero hay una serie de datos que creo que son relevantes.

✧ Tenemos unos 60.000 pensamientos al día que nos distraen a todas horas, estamos sometidos a mucho ruido mental, y este hace que nuestra mente se disperse de vez en cuando.

✧ El cerebro siempre busca ahorrar energía, es pura supervivencia, por ello intentará evitar todo aquello que suponga un gasto extra de energía, como los cambios. Por ejemplo, cuando muchos nos quedamos en la zona de confort es porque el cerebro busca mil excusas para que no gastemos energía.

✧ Igual que entrenamos el cuerpo y lo cuidamos, podemos entrenar y cuidar nuestro cerebro.

✧ El cerebro no acepta un no por respuesta, si te digo «no pienses en gatos», automáticamente piensas en gatos. Lo mismo pasa con las frases que nos decimos a nosotras mismas, según cuáles sean los mensajes que enviamos a nuestro cerebro, podemos ahorrarnos la mitad del camino. Se trata, sobre todo de cambiar los «no puedo» por los «quiero».

✧ Nuestro cerebro tiene neuroplasticidad, es decir, capacidad para transformarse a sí mismo. Esto significa que siempre estamos cambiando, y eso se traduce en oportunidades.

Empezaremos con unos ejercicios que nos ayudarán a ahorrar energía cerebral y a mantener enfocada la mente en lo que, sí queremos, y así ser cambio constante.

1
ENFOCA TU ENERGÍA

Dime si te ha pasado esto alguna vez:

¿Acabas agotada mentalmente al terminar la jornada?
¿Tienes la sensación de pasarte el día dando
golpes al viento?
¿Pasan los días y no notas que avanzas?
¿Sientes que te pasas el día haciendo todo por los demás
y nada por ti?

Suprime lo que te reste

En mis procesos de coaching, uno de los primeros ejercicios que pongo es este, eliminar YA todo aquello que resta energía. Seguramente no te das cuenta, porque no te tomas un tiempo para hacer un alto y analizar la cantidad de actividades, de cosas, de personas que ocupan un considerable espacio en tu día a día solo por costumbre, que no has elegido y que seguramente no quieres que estén.

Haz una lista, da igual lo larga que sea, puede que sea una lista con más de cien cosas. El objetivo es ser consciente, porque solo así podremos cambiarlo. No importa si lo puedes eliminar ahora, o si te llevará un tiempo cambiarlo. O si es algo pequeño o grande. Empieza a hacer la lista, ahora.

Empecemos por cosas más simples, como los papeles desordenados encima del escritorio, la ropa por planchar, la nevera sin la compra hecha, ese cajón de trastos donde lo meto todo y ya no sé ni lo que hay, el perfume de mi vecino, la basura por tirar... Y ahora vayamos a lo más complejo, eso que te va a llevar más tiempo cambiar. Anótalo. Puede que no te guste tu trabajo, y sigas aguantando porque es lo que se espera de ti; tu sueldo de m...; tu grupo de amigos, en el que sientes que ya no encajas; el poco tiempo que te dedicas a ti misma, la relación con tu madre...

Durante el próximo mes, dedica unas horas a ir eliminando todos los puntos que puedas de esta lista, empezando por los más simples, y por aquellos que dependen de ti. Créeme si te digo que una vez que te pongas a ello, ya no habrá marcha atrás. Una de las expresiones que sin querer vas a usar cuando algo te moleste (quizá solo lo dirás en tu mente, como una vocecita como de Pepito Grillo) será «esto me resta energía», y actuarás rápidamente para cambiarlo.

En cuanto apliques estos cambios, tendrás una mayor sensación de paz, de tranquilidad. Y también un mayor control de tu vida, porque habrás empezado a eliminar las fugas de energía.

➤➤➤ ── ❥ Lo que me resta ❥ ── ⫷⫷

A veces podemos pensar que en nuestra vida todo es un desastre, que todo va mal. La memoria puede engañarnos, y más cuando se trata de emociones. Para que eso no suceda, marca con el color correspondiente cómo te sientes, y al final del mes observa qué colores predominan en tu calendario emocional. Es una actividad que merece la pena que te tomes en serio, sin autoengañarte, pues te ayudará a elaborar un mapa real de tu día a día y ver en perspectiva cuál es tu situación actual.

Con esta plantilla semanal podrás evaluar cómo te sientes después de cada ejercicio:

⟫⟫⟫ ➤ ¿En qué te notas mejor que la semana pasada? ◄ ⟪⟪⟪

....
....
....
....

⟫⟫⟫ ➤ ¿Qué tienes que mejorar? ◄ ⟪⟪⟪

....
....
....
....

⟫⟫⟫ ➤ ¿De qué cosas que has logrado te sientes orgullosa? ◄ ⟪⟪⟪

....
....
....
....

Valora el nivel de satisfacción de tu semana y cómo te has sentido

1 2 3 4 5 6 7 8 9 10

2
CRÉATE HÁBITOS QUE SUMEN

¿Qué es un hábito?

Un hábito es cualquier comportamiento aprendido (no es innato, no nacemos con ningún hábito) mediante la repetición que se realiza de forma automática sin apenas pensar en ello. Según recientes estudios científicos, los hábitos se crean porque el cerebro siempre busca ahorrar esfuerzo, tiempo y energía.

Acciones como caminar, respirar o comer nos permiten destinar más tiempo y energía a otras cosas como experimentar, inventar o crear.

Por esta razón, adquirir hábitos propios que sumen nos ayudará a tener más tiempo y energía para crear la vida que realmente queremos tener.

Para crear un hábito necesitamos repetición, ya que, si repites algo cada día en la misma situación, acaba convirtiéndose en una reacción automática. No hay un tiempo determinado para crear un hábito, numerosos estudios han profundizado en el tema, y la conclusión es que depende de la perseverancia, la motivación y la naturaleza del hábito que se pretenda adquirir.

Así que para implementar un nuevo hábito empieza por esa mínima parte que sabes que vas a repetir cada día, y empieza hoy. Es mejor fijarnos objetivos pequeños, realistas, y cumplirlos, que perseguir objetivos muy ambiciosos que luego no podremos cumplir, con lo que solo lograremos sentirnos el doble de mal: por no alcanzar nuestro objetivo, y por tener que abandonar en el proceso.

Algunos hábitos o rutinas no deberían ser opcionales, de hecho, en mis procesos de coaching he observado que resultan imprescindibles para mejorar la autoestima. Y además podemos complementarlos con otros que nos apetezca adquirir. Aquí te pongo algunos ejemplos de rutinas que he incorporado a mi día a día, y que considero innegociables, junto con otros hábitos que he adquirido después.

✧ Lavarme los dientes tres veces al día.

✧ Seguir una rutina de hidratación y maquillaje facial. Desmaquillarme por la noche.

✧ Darme una ducha matutina.

✧ Hacer deporte tres días por semana. Empecé practicando deporte un día a la semana, y actualmente lo hago seis días de siete, unos más intenso, otros más *light*, pero para mí estos tres días son imprescindibles, y no me los salto por nada del mundo.

✧ Comer tres piezas de fruta entre comidas. Esta es mi fórmula para conseguir comer fruta, ya que no me gusta tomar postre, y si no lo hiciera así, ni la probaría.

✧ Definir unos horarios, empezar y acabar de trabajar cada día a la misma hora. Cuando una es su propia jefa la cosa se te puede ir de las manos.

Busca la forma de hacer que te resulte fácil adquirir estas rutinas, teniendo en cuenta que cada persona es diferente. Pacta contigo misma y traza un plan. Empieza por un hábito, no quieras adoptar cinco a la vez. El cerebro busca ahorrar energía, y si lo colapsamos con tanto cambio, lo más probable es que al cabo de una semana hayas abandonado el proceso de creación del hábito. Cuando tengas uno, ve a por el siguiente, y así seguro que lo consigues.

Voy a cambiar el hábito de:

....

....

Semana 1	L M X J V S D
Semana 2	L M X J V S D
Semana 3	L M X J V S D

Voy a cambiar el hábito de:

....

....

Semana 1	L M X J V S D
Semana 2	L M X J V S D
Semana 3	L M X J V S D

3
PON LÍMITES FIRMES

Si te cuesta poner límites personales, laborales o en tus relaciones sociales, es muy probable que termines descuidando tus necesidades. Establecer límites claros es fundamental para tu bienestar emocional y para tu autoestima.

Hay diferentes herramientas de comunicación asertiva e inteligencia emocional que te van a empoderar para dejar claro lo que realmente quieres.

Hay un motivo muy básico por el cual nos cuesta poner límites, y no es porque no queramos, sino por instinto de supervivencia. Los humanos somos seres sociales por naturaleza, se nos da bien el trabajo en equipo y la vida en comunidad, por lo que nuestra mente busca protegerse y acceder a las peticiones de los demás. Y a todo ello cabe sumar el temor al rechazo, la pena o el miedo a ser juzgado.

Así pues, se trata de reaprender y transformar estas creencias. Aquí te dejo una serie de pasos que te van a ayudar.

✧ Identifica cuáles son tus límites. Existe una herramienta muy poderosa, tus emociones, estas te indican cuándo algo te hace sentir bien o mal, o cuándo un límite está siendo traspasado. Identifica qué emoción sientes: frustración, tristeza, enojo. A este respecto, las siguientes preguntas pueden resultarte de ayuda:

✦ ¿Qué siento?

....
....

✦ ¿Qué pensamientos tengo?

....
....

✦ ¿Qué me haría sentir mejor?

....
....

Para marcar límites en tu vida, primero debes identificar qué es lo que estás dispuesta a aceptar. Aunque ya sé que no es fácil, tómate tu tiempo, escúchate y desconecta el piloto automático. Usa la escritura para registrar las respuestas a estas preguntas durante una semana como mínimo.

✧ Acéptate y quiérete a ti misma. Cuando deseamos recibir el afecto de las personas de nuestro entorno, es fácil que caigamos en la trampa de hacer planes o llevar a cabo acciones que no deseamos. Has de entender que nunca vas a recibir el cariño de todo el mundo. Existe tal disparidad de personalidades, puntos de vista y temperamentos, que siempre habrá alguien a quien no podrás contentar. De ahí que, si eres coherente con lo que de verdad quieres, te sentirás realmente satisfecha, sin tener que depender de lo que puedan brindarte los demás.

✧ Respeta los límites de los demás. Si procuras observar esta norma, será más fácil que los demás también respeten tus límites. Puede que no entiendas los motivos, pero seguro que la persona en cuestión está diciendo algo que para ella resulta relevante, así que valora su opinión, haz que se sienta segura de que está estableciendo sus propios límites.

✧ Acepta que para poner límites estos han de ir integrándose de forma progresiva. La mente necesita un tiempo para reaprender y hacer las cosas de forma distinta. No te desanimes si un día no conseguiste ser claro con tus límites, todo requiere un tiempo y un aprendizaje. Es bueno analizarlo *a posteriori*: ¿qué ocurrió?, ¿qué pensamientos me impidieron dejar clara mi postura?

✧ Identifica cuándo la cosa no depende de ti. En el momento en que estableces un límite, no está en tu mano saber si la otra persona lo comprenderá o lo respetará. Es tarea tuya esforzarte en comunicar de forma clara y amorosa tu punto de vista o tu límite. Sin embargo, debes entender que no puedes elegir ni cambiar la reacción de la otra persona. Por consiguiente, lo mejor es que te centres en hacer la parte que depende de ti de forma asertiva, hablando con claridad y firmeza.

EJERCICIO

Comunicando y manteniendo mis límites personales

Con este ejercicio aprenderás técnicas que te ayudarán a expresar tus límites personales y a mantenerlos con firmeza.

✧ Expresa de forma simple tus sentimientos o pensamientos cuando converses sobre un conflicto o sobre cualquier otra situación. Ejemplo: «Me siento triste cuando...». «Me siento molesto cuando...». «Me decepciona que...».

✧ Expresa de forma clara y concreta lo que deseas o prefieres hacer, y la solución que propones ante determinada situación. Ejemplo: «Me gustaría que...». «Preferiría que en lugar de... pudiéramos hacer... Y así vemos qué tal va».

✧ Deja claro que conoces la posición de la otra persona, pero manteniéndote firme en tu postura. Ejemplo: «Entiendo y respeto tus razones. Sin embargo, yo también me siento afectado por lo ocurrido...».

✧ Establece un compromiso en el que ambas partes puedan sentirse satisfechas con los resultados (puesto que hay un objetivo en común). Ejemplo: «Yo puedo comprometerme a... y tú podrías... de este modo sí nos ayudamos mutuamente...».

✧ Procura que los sentimientos se expresen con fluidez, recurriendo a alguna frase neutral sobre lo que está ocurriendo. Ejemplo: «Parece que este tema está siendo difícil de resolver, ¿no crees?... No tenemos que encontrar una solución inmediatamente, lo importante ahora es conversar sobre el tema...».

Y ahora que ya conoces las técnicas, es el momento de ponerlas en práctica. Vuelve a los límites personales descritos en el ejercicio anterior e imagina situaciones hipotéticas en las que debas comunicárselos a tus seres queridos o a las personas de tu entorno. También puedes visualizar situaciones actuales y reales en las que necesites marcar tus límites.

Situación

Qué voy a hacer o a decir

_____

_____

_____

_____

_____

Cuanto antes comiences a poner límites claros, concisos y respetuosos, más fácil será que los demás también los respeten. Al principio cuesta, es como cuando empezamos a ir al gimnasio, que no sabemos cómo funcionan las máquinas, no sabemos qué ejercicios hacer o cuánto peso levantar. Pero a base de constancia, cada vez vamos levantando más peso y entrenando mejor. Pues con los límites pasa lo mismo, cuanto más entrenemos nuestra fuerza mental, menos nos costará poner límites a los demás.

4
ENFÓCATE EN LOS PEQUEÑOS DETALLES DE LA VIDA

Nos pasamos los días esperando ese viaje de vacaciones, esa escapada de fin de semana, o esa cena con las amigas. Esperamos grandes cosas que nos harán felices y nos llenarán. Pues siento decirte que la clave está en las pequeñas cosas, en los pequeños detalles de la vida.

Podemos realizar pequeñas actividades diarias que nos ayuden a disfrutar, a sentir que cada día vale la pena, y que ha sido un día completo. Solo tenemos que aprender a detectarlo, a valorarlo.

Te voy a poner ejemplos que te ayuden a darte cuenta de lo que quizá ya tienes: el olor a café por la mañana, un paseo a solas, ver tu serie favorita de Netflix, comprarte un libro nuevo, regalarte unas flores, pintarte los labios de rojo, una ducha fría en verano, ese helado con tu sabor favorito, regalarle a un amigo eso que le hace tanta ilusión, abrazar a tu pareja, una ducha después de un día de playa, escuchar el mar, un masaje relajante…

Y ahora te voy a indicar un pequeño ejercicio para demostrarte que tú también puedes hacerlo y que es más fácil de lo que parece.

Solo necesitas un bloc de notas o un lugar donde registrar la lista que confeccionarás a continuación.

Anota cada día tres cosas que te gusten, por pequeñas que sean (si son más, no pasa nada). Verás que al principio quizá te cuesta más ver esas pequeñas cosas, pero a medida que tu mente vaya adquiriendo práctica te resultará mucho más fácil.

Pasado un año, tendrás cientos de cosas que te gustan. Repasa esta lista, y seguro que el rostro se te iluminará con una sonrisa. Volverás a evocar momentos que han sido especialmente bonitos, y te transportarás a situaciones y recuerdos que te llenan.

TABLA REGISTRO CIEN COSAS
QUE ME GUSTAN

1.	17.	33.
2.	18.	34.
3.	19.	35.
4.	20.	36.
5.	21.	37.
6.	22.	38.
7.	23.	39.
8.	24.	40.
9.	25.	41.
10.	26.	42.
11.	27.	43.
12.	28.	44.
13.	29.	45.
14.	30.	46.
15.	31.	47.
16.	32.	48.

49.   67.   85.

50.   68.   86.

51.   69.   87.

52.   70.   88.

53.   71.   89.

54.   72.   90.

55.   73.   91.

56.   74.   92.

57.   75.   93.

58.   76.   94.

59.   77.   95.

60.   78.   96.

61.   79.   97.

62.   80.   98.

63.   81.   99.

64.   82.   100.

65.   83.

66.   84.

Registra cómo te sientes

CO	**TA**	**CA**	**TI**	**AN**	**EN**	**OT**
contenta	tranquila	cansada	triste	ansiosa	enfadada	otra

1	2	3	4	5	6	7
8	9	10	11	12	13	14
15	16	17	18	19	20	21
22	23	24	25	26	27	28
29	30	31				

5
APRENDE A DECIR NO

Te mereces decirte que sí a ti antes que a los demás. Cada día tomamos mil decisiones, cada una de las cuales es una oportunidad para ser fiel a nosotras mismas, para ser coherentes con nuestros pensamientos, nuestros valores y nuestra filosofía de vida. Y para ello debemos estar seguras de que cada decisión que tomamos nos acerca a nuestro objetivo.

Sé que decir NO puede ser realmente complicado. Muchas de mis clientas acuden a mí justamente porque sienten que no viven su vida, que no deciden su vida, y todo por no saber decir no.

Hay dos emociones muy potentes que pueden frenarnos y ponérnoslo difícil: el miedo y la culpa. Miedo a la reacción de los demás, miedo a ofender o a hacer daño, miedo a que alguien se enfade. Y culpa porque sentimos que no estamos cumpliendo con las expectativas que exige nuestro rol: «Si digo que no, no seré buen trabajador, amigo, hija…».

Se trata de un problema muy común en las personas con baja autoestima, debido a que albergan ideas negativas acerca de sí mismas y de sus capacidades, piensan que no van a saber afrontar determinadas situaciones. La dificultad para decir no se manifiesta en todos los ámbitos de nuestra vida. Si te cuesta decir no en el entorno laboral, seguro que también te sucede con tus amigos o con tu familia.

Por eso necesitamos entrenar, entrenar el arte de decir no, de decirlo más, más a menudo y con más convencimiento.

Lo primero que necesitas hacer es detectar aquellas situaciones previas en las que has dicho que sí, pero te hubiese gustado decir que no. Debemos revisar en qué contexto nos sucede y con qué personas. Y a continuación, debemos analizar los pensamientos y emociones que nos empujan a decir sí, cuando en realidad queremos decir no.

Por último, debemos analizar la intencionalidad del otro, qué tipo de relación nos une, qué creemos que espera de nosotros, si intenta manipularnos, qué grado de confianza nos tiene.

Te propongo un reto

Esta próxima semana vas a decir no a cualquier plan que se te presente. Ya sea un compromiso laboral, con amigos, con la familia… Si cambias de idea, siempre puedes volver atrás. Con esto buscamos romper el vicio de decir que sí a casi todo.

Si no puedes decir no directamente, usa la técnica del *aplazamiento asertivo*: es una técnica muy eficaz cuando la situación nos sobrepasa y no estamos preparados para tomar una decisión en el momento. Lo mejor es retrasar la respuesta y decir que necesitamos pensarlo.

Ejemplo: «No puedo contestarte en este momento, déjame mirar lo que tengo pendiente para los próximos días y te digo algo mañana».

Recuerda: cada vez que dices NO a algo que no quieres, te estás diciendo SÍ a ti.

6
ELIGE TUS AMISTADES

Las relaciones interpersonales son procesos complejos. Antes de que el vínculo de amistad se establezca, ocurre un proceso de selección inconsciente que se enfoca en las cosas que tenemos en común con las otras personas. Es lo que llamamos «compatibilidad».

Es importante saber cómo elegir a nuestros amigos, ya que con estos grupos sociales nos desarrollaremos en varios aspectos relevantes para nuestra identidad. Las conductas aprendidas socialmente son inconscientes, y sin querer acabamos actuando como nuestro grupo social de referencia. Por eso resulta vital asegurarnos de que compartimos los mismos valores.

Elegir bien a nuestros amigos desde el principio nos ahorrará la decepción de ver que aquellos que pensábamos que eran nuestros amigos en realidad no lo son, o la frustración derivada de haber escogido amistades que no nos aportan nada, y que incluso nos apartan de nuestros valores fundamentales.

Así que a la hora de hacer nuevas y buenas amistades ten en cuenta estos factores:

✧ Debe reinar la simpatía. Aunque tengamos muchas cosas en común, debemos sentir que la otra persona nos resulta agradable, y que la comunicación fluye. Si para establecer una relación tenemos que forzarla, es señal de que no funcionará.

✧ Conversa sobre tus intereses. No sabes cuándo te puedes topar con alguien afín a ti, con quien tengas cosas en común. Así que es una buena costumbre mencionar nuestras aficiones y preguntarles a los demás por las suyas.

✧ Empieza actividades nuevas para conocer gente nueva. Puedes apuntarte a practicar un nuevo deporte, a un gimnasio, ir a la biblioteca, pasear por diferentes parques. También puedes apuntarte a clases de música para aprender a tocar un instrumento, o a clases de cerámica, pintura, dibujo… Y desarrollar tu lado más artístico.

✧ Dentro de una amistad debe reinar la tolerancia. Pueden existir diferencias, pero estas hay que manejarlas de la mejor forma posible, dentro de un ambiente de respeto. Si sientes que alguien no te trata de forma respetuosa, quizá deberías plantearte si vale la pena pasar más tiempo con esa persona.

✧ Observa cómo trata a los demás. Puede que tu amigo te trate muy bien a ti, pero antes de dejar entrar a alguien en nuestra vida es importante observar cómo trata a quienes le rodean (a sus padres, hermanos, amigos...).

Deja de pasar tiempo con gente únicamente por no estar solo, si no disfrutas ese rato, no merece la pena. Depende de ti crear un espacio para hacer nuevos amigos. Amistades que te aporten, te estimulen, te entiendan, te apoyen y con las que sientas que puedes ser tú con total libertad.

En resumen, estamos hablando de crear un entorno-trampolín. Aquí te dejo un ejercicio que te permitirá analizar con facilidad a las personas que te rodean, y a las que consideras tus amigas.

Sigue estas instrucciones:

✧ Escoge a las cinco personas con las que pasas más tiempo, tanto presencial como virtualmente. No las escojas por el cariño que les tienes, sino por el tiempo que compartes con ellas. Ponlas en la columna A.

✧ En la columna B anota las características que definen a esas personas, tanto las positivas como las negativas. Por ejemplo, me motiva, me desanima...

✧ En la columna C registra cómo te hacen sentir. Responde a estas preguntas: ¿me empodera?, ¿me aburre?, ¿me inspira para seguir con mis objetivos?

◇ En la columna D pon un signo + para aquellas personas que te potencian y te animan a seguir en pos de tus metas. Pon un signo – para aquellas personas que te alejan. Y un signo = para las que influyen poco en tu vida.

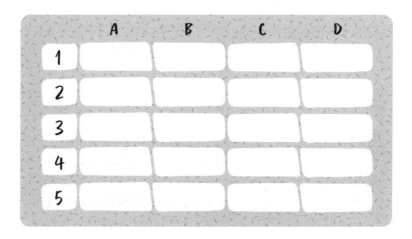

Ahora toca hacer balance y analizar qué tipo de relaciones tengo.

+ Te potencia

Continúa pasando tiempo con ella, y si puedes refuerza esta amistad. Asegúrate de que conozca bien tus objetivos, seguro que puede ser un sólido apoyo en momentos clave.

- Te resta

Si no te aporta nada y sientes que te resta energía, puedes plantearte si hay alguna forma de mejorar la relación. Si no es posible, quizá haya llegado el momento de poner distancia.

Puedes intentar comunicarle cómo te hace sentir.

= Te aporta poco

Está claro que es una persona importante para ti, por eso la has puesto en el recuadro. Pero en este caso es más para divertirte que para tu crecimiento personal. Comparte con ella tus metas y tus actividades importantes. Haz que te acompañe en aquello que para ti es fundamental en tu desarrollo.

7
TU HORA SAGRADA

Una de las cosas que más nos cuestan es pasar tiempo a solas, y aún en mayor medida realizar actividades sin compañía. ¿Qué pensarías si vieras a una persona que acude sola a una cata de vinos? ¿Pensarías que te da pena, porque no debe de tener amigos con los que ir? ¿O pensarías que ha elegido ir sola al evento? Lo más probable es que nos inclinásemos por la primera opción.

El miedo a hacer planes en solitario es muy común, y muchas veces se debe a que nos preocupa el qué dirán si me ven sola haciendo X. De hecho, hace poco había quedado con unas amigas para tomar una cervecita al salir del trabajo y al final no pudieron venir. Entonces pensé «me quedo en casa y aprovecho para planchar, o me voy al súper a hacer la compra». Pero al final lo que hice fue bajar al centro, pedirme una cerveza y ponerme a leer un libro relajadamente. ¡Y qué a gusto me sentí!

Desconectar de los demás es muy beneficioso. Estar a solas permite desarrollar la propia personalidad, recargar las pilas y nos ayuda a gestionar nuestras emociones. Cultivar la afición a estar a solas, aunque solo sea una hora a la semana, puede desarrollar la propia personalidad, el sentido de una misma y sus verdaderos intereses, puesto que ya no estamos sometidos a la influencia de terceros.

Te animo a que cada semana tengas tu hora sagrada, ese momento para hacer planes contigo misma. Piensa en esa película que quieres ir a ver al cine, en aquel restaurante nuevo que quieres probar. Ve sola. El primer día te sentirás muy muy extraña, te aviso para que no te sorprendas.

Pero cuando te acostumbres a tener citas contigo misma, verás cómo las disfrutas. Aquí te propongo un ejercicio para ayudarte en este paso.

Elabora una lista de actividades que se te ocurra que puedes hacer sola, o algunas que te gustaría hacer pero que de momento no te atreves. Pon fecha y hora a la que será tu hora sagrada. Y decide ya qué actividad de tu lista vas a emprender.

Listado de ideas por si te falta inspiración:

- ✧ Apuntarme a pilates
- ✧ Hacer yoga
- ✧ Tomar un café en un sitio cuqui
- ✧ Leer en el parque

- ✧ Dar un paseo por el bosque
- ✧ Abrazar un árbol
- ✧ Hacerme un masaje
- ✧ Ir a tomar una cervecita en aquella *rooftop* que me encanta
- ✧ Ir al cine o al teatro
- ✧ Asistir a clases de cerámica
- ✧ Aprender a tocar un instrumento
- ✧ Aprender a pintar con acuarelas
- ✧ Estudiar algo que siempre he querido, pero que dejé pasar
- ✧ Escribir
- ✧ Practicar mindfulness

8
SIMPLIFICA TU VIDA

Acumulamos objetos, compromisos, información, hasta llenar nuestro día a día de complicaciones innecesarias. Liberarnos de esa carga nos ayudará a recuperar nuestra energía vital.

Si queremos tener más tiempo para invertirlo en nuestras prioridades, tendremos que eliminar todo aquello que no es indispensable y que nos complica la existencia. Solemos caer en el error de pensar que, por el hecho de tener todos los huecos de nuestra agenda cubiertos, ya somos personas de éxito.

A este respecto, te recomiendo la lectura de un libro de Eliana St. James titulado *Simplifica tu vida*. La autora nos propone una serie de interesantes sugerencias, como mudarnos a una vivienda más pequeña, tener un vestuario sencillo, regular nuestras finanzas e inversiones, o levantarse una hora más temprano. Estos valiosos consejos sin duda te ayudarán a simplificar muchos aspectos de tu vida.

También puedes simplificar con el método *Kaizen*. La desorganización nos hace ir a comprar a última hora, y pagando más, a la tienda que también abre de noche, o adquirir alimentos precocinados para salir del paso. La filosofía *Kaizen* recomienda una pequeña mejora diaria para un gran cambio. Solo con que nos fijemos un solo objetivo de simplificación y lo cumplamos todas las semanas —una compra grande al mes, sacarnos trastos de encima o renunciar a la tarjeta de crédito—, al cabo de un año habremos logrado una gran transformación.

Te invito a que confecciones una lista de cosas que puedes eliminar, y que empieces a simplificar tu vida hoy mismo. Esta plantilla te será de gran utilidad.

Voy a tirar	Voy a vender	Voy a regalar

Registra cómo te sientes

CO	TA	CA	TI	AN	EN	OT
contenta	tranquila	cansada	triste	ansiosa	enfadada	otra

1	2	3	4	5	6	7
8	9	10	11	12	13	14
15	16	17	18	19	20	21
22	23	24	25	26	27	28
29	30	31				

9
ELIMINA LOS «DEBERÍA»

A menudo nos decimos «debería perder peso», «debería ser más productiva», «debería hacer ejercicio», «debería aprender otro idioma»... Pero todos estos «debería» no hacen más que restarnos energía.

Lejos de motivarnos, semejantes pensamientos nos hacen sentir culpables, y no nos sirven para avanzar hacia nuestros objetivos. Te animo a que observes durante unos días tus monólogos interiores, y veas cómo te sientes. Si examinas de cerca esos «debería», o los «tengo que», verás que realmente no te están funcionando, porque así lo único que haces es encadenar un reproche tras otro.

En realidad, tener un «debería» en tu vida puede ser muy positivo, porque significa que somos conscientes de que queremos cambiar las cosas. La cuestión es que, a lo mejor, este no es el momento adecuado para afrontar ese cambio, y aún no me he dado cuenta de ello.

Y ahora viene cuando yo te pregunto: ¿cuáles son los objetivos que te agobian? Si el último año no has hecho nada para cumplirlos, deshazte de ellos inmediatamente. Y ahora, ¿qué es lo que realmente quieres conseguir el próximo mes? Llegado este punto, formúlate el nuevo objetivo empleando las palabras «voy a....», en lugar de «debería...».

Es cierto que hay objetivos de los que no debemos prescindir, como hacer ejercicio, así que ponte manos a la obra, piensa de una vez qué necesitas realmente y empieza a hacerlo. Puede que sea quedar con alguien, apuntarte a distintos deportes hasta que encuentres el que te guste, o simplemente salir a caminar en vez de sentarte en el sofá. Hacer ejercicio es un hábito que, tal como hemos explicado en el punto 2, no siempre resulta fácil de adquirir, pero seguro que tú puedes conseguirlo.

Para eliminar los «debería»

Piensa en la semana que tienes por delante, y anota en el recuadro inferior todos los «debería» que te vengan a la mente. Todos, no te cortes, cuantos más, mejor.

Mis debería

Ahora nos plantearemos una serie de preguntas para reflexionar y poner orden a esos «debería». Responde con sinceridad, y tómate tu tiempo para completar este ejercicio.

◇ Analiza cada punto de tu lista y dime: ¿realmente tienes que hacerlo? ¿Es lo que debes hacer o lo que quieres hacer?

✧ Muchos de tus «debería» no coinciden con lo que realmente quieres. Así que, para seguir afinando el tema, ¿qué necesitas?

A continuación, vamos a rellenar otro cuadro que nos ayudará a visualizar con mayor rapidez aquello que debo, aquello que quiero o aquello que necesito.

En la primera columna reescribe todos los «debería» que has puesto en la lista anterior. Anota al lado cómo te hacen sentir.

En la segunda columna, transforma los «debería» de la primera en «quiero». Analiza cómo te hacen sentir. Anótalo al lado y pregúntate si realmente quieres todo lo que has apuntado.

No siempre podemos eliminar todas las obligaciones o «deberías» que llevamos a cuestas, pero este ejercicio te ayudará a priorizar y a decidir lo que de verdad quieres hacer.

Para completar la tercera columna responde la siguiente pregunta: ¿eso que quieres hacer, lo necesitas? Si no estuvieran ahí esos «debería», ¿qué estarías haciendo?

Visualiza este recuadro, y con toda la información que ahora posees, decide. Durante la semana, cada vez que te venga un «debería» a la cabeza, pásalo por estos tres filtros. Por ejemplo, cuando pienses «debo ir más arreglada», sustitúyelo por «quiero», y pregúntate si realmente lo necesitas.

Debo	Quiero	Necesito

10
AMORTIZA TU TIEMPO

Las distracciones salen caras, nos roban tiempo y energía. No se trata de hacer siempre todo lo que puedas, ni de sacar el máximo rendimiento todos los días, sino de ser productivo, de tener claro qué es lo realmente importante y evitar fugas de tiempo y energía que podríamos emplear en construir la vida que realmente queremos.

Aquí te dejo una serie de ideas que pueden ayudarte a amortizar tu jornada:

◇ Genera un ambiente más sencillo. Si hablamos de trabajo, intenta reducir las distracciones externas, y así te concentrarás más en las tareas que debes realizar.

◇ Prueba diferentes estrategias de gestión del tiempo. Imagina que has desarrollado una serie de malos hábitos que te han llevado a la procrastinación.

✦ Una de ellas es la técnica *Pomodoro:* Este método se compone de cinco etapas: planificación, anotación, registro, proceso y visualización.

- Haz una lista con las tareas que tienes que realizar.
- Selecciona una tarea concreta.
- Ajusta el temporizador en 25 minutos y sitúalo de forma que siempre puedas ver el tiempo que queda. Empieza con tu primera tarea. Durante estos 25 minutos no puedes distraerte ni interrumpir la tarea: son 25 minutos de trabajo durante los cuales no puede interferir en tu tarea nada ni nadie, ya que, de lo contrario, el *Pomodoro* ya no cuenta.
- Cuando suene el temporizador, marca la tarea como finalizada y tómate un descanso de unos cinco minutos. Durante el descanso debes desconectar para que el cerebro asimile lo que has hecho en esos 25 minutos. No hagas nada relacionado con la tarea anterior ni con la siguiente.
- Cuando acabes el descanso, ajusta el temporizador para realizar un segundo *pomodoro*.

✦ Otra de las técnicas se basa en el principio de Pareto 80/20: Esta teoría, ideada por el economista italiano Vilfredo Pareto a finales del siglo XIX, se sustenta en el principio de que el 80 por ciento de los beneficios que obtenemos en una tarea es producto de apenas el 20 por ciento de las acciones que la componen; y, al mismo tiempo, el 80 por ciento de las acciones de un proceso generan el 20 por ciento de sus beneficios.

El principio de Pareto no es exactamente una herramienta para mejorar la gestión del tiempo, pero sí puede sernos de utilidad para identificar las acciones más relevantes en un proceso y, por tanto, poder centrarnos en estas con mayor determinación, eficacia y claridad, con lo cual obtendremos una optimización de los plazos.

◇ Aprovecha los momentos de mayor productividad. ¿Eres una alondra matutina o un ave nocturna? Es muy importante que sepas en qué momentos de tu jornada despliegas más energía. Eso te permitirá estructurar tu día y realizar las tareas que exigen más concentración en los momentos de mayor productividad. Así serás más eficiente, porque realizarás la misma tarea en menos tiempo.

◇ Evita realizar varias tareas a la vez. Aunque aparentemente podemos hacer más de una cosa al mismo tiempo, eso no es del todo cierto. Cuando intentas hacer dos tareas simultáneamente, tu cerebro procesa la información de forma mucho más lenta. Como consecuencia, en vez de hacer una cosa bien, terminas haciendo dos cosas no tan bien.

✧ Prioriza el trabajo importante. A veces tenemos tanto trabajo que no sabemos por dónde empezar. Haz una lista de tareas y ordénalas según su urgencia.

✧ Aprende a decir NO. Hay ocasiones en que se nos acumula el trabajo. Aprender a definir nuestras prioridades, o rechazar proyectos porque no podemos asumirlos, no nos convierte en malas personas ni en malos trabajadores.

Así que elimina las distracciones, aparta el teléfono, déjalo en modo avión y programa una alarma que te avise diez minutos antes de los compromisos pendientes, o que te avise cuando lleves una hora seguida trabajando para tomarte un descanso. Apaga las notificaciones del mail, y las redes sociales en el ordenador. Antes de empezar a trabajar, desayuna bien, ve al baño, perfúmate... Incorpora todo aquello que te aporte un toque de diversión y te haga más fácil el trabajo.

También es importante clasificar las tareas, para guardar un orden mental y saber priorizar. Aquí te dejo una tabla donde puedes clasificar tus tareas en tres grupos:

✧ TAREAS URGENTES: son aquellas tareas que no pueden posponerse y que te llevan directamente a alcanzar tus objetivos. Son las que tendríamos que hacer a primera hora, porque hay que dejarlas finiquitadas el mismo día.

✧ TAREAS NO PRIORITARIAS: son aquellas que tienes en mente que hay que realizar, pero aún dispones de cierto margen. Puede que en breve pasen a la lista de urgentes.

✧ TAREAS MENOS IMPORTANTES: son todas aquellas tareas que has pensado que te convendría hacer, pero que vas posponiendo. Si en un par de semanas siguen en la lista, elimínalas, porque solo te desenfocan.

Urgente	Importante	Eliminar

11
TRES, DOS, UNO... ¡YA!

¿Por qué me cuesta ponerme a hacer las cosas? Hay días que podemos con todo, y días que todo nos puede. Esto es normal. Resulta imposible mantener siempre la misma motivación, las mismas ganas y el mismo ánimo. Somos personas, y los altibajos son propios de la naturaleza humana.

La gran mayoría de las personas tenemos en la mente una serie de planes y objetivos que queremos lograr. Sin embargo, a veces nos cuesta mucho ponernos manos a la obra y empezar. Cuando esto sucede, nos sentimos frustradas, y tanto nuestra autoestima como nuestro bienestar se resienten.

Existen diferentes causas. Aquí te expongo las razones más comunes que he observado en mis procesos de coaching de por qué se nos hace tan cuesta arriba encarar nuestros planes y metas.

✦ Baja tolerancia a la frustración. Puede que nos cueste mucho aceptar que algo no salga como deseamos. Hay quien no soporta experimentar un mínimo nivel de malestar, porque desde pequeño lo acostumbraron a pensar que cualquier tipo de situación podía resolverse sin dificultades.

✧ El miedo es uno de los factores principales por los cuales las personas dejamos de hacer algo que deseamos. El miedo nos puede bloquear, impidiéndonos alcanzar nuestros objetivos.

✧ Falta de motivación. Esto sucede cuando lo que pretendemos hacer no tienen sentido para nosotras. Por ejemplo, si nos cuesta ir al trabajo y cumplir con las tareas que nos exigen, seguramente es porque no estamos a gusto en ese trabajo.

✧ Indecisión. Cuando no estamos seguras de lo que queremos en la vida, es normal que dudemos a la hora de dar cualquier paso.

Este era el caso de Laura, que trabajaba en una farmacia desde hacía varios años y quería experimentar un cambio de ámbito laboral. No sabía muy bien qué clase de cambio necesitaba, si ir a otra farmacia o empezar su propio proyecto. Tenía claro que podía ascender, y para ello necesitaba más formación. Pero a la hora de empezar a formarse, tenía dudas sobre si esa era una buena decisión, o si sería mejor esperar un poco más hasta tener claro qué clase de cambio quería. Le pregunté: «¿Qué puedes ganar si te formas?, y ¿qué puedes perder?». Entonces llegó a la conclusión de que la formación era positiva para su carrera en todos los casos, y empezó a estudiar hasta tener más claro cuál era el siguiente paso.

Así pues, da el primer paso. Si ves que te cuesta mucho comenzar algo, simplemente decide cuál es el primer paso, y lánzate. No pienses en lo que te falta por recorrer, enfócate en el momento presente y en cada paso que estás dando.

Dile a tu mente: «TRES, DOS, UNO… ¡YA!». ¡No le des tiempo a encontrar excusas, empieza ya!

12
ELIMINA TU LISTA DE COSAS PENDIENTES

¿Cuántas cosas tienes pendientes de hacer? ¿Cómo va tu lista de cosas pendientes? ¿Cuánto tiempo dedicas cada semana a revisar esa lista?

No sé cómo vas tú con esa lista de cosas pendientes ni cuán importantes son para ti. Normalmente la mayoría de nosotros tenemos una lista de cosas pendientes que esperan un mes tras otro a que les llegue el turno, pero por uno u otro motivo ese momento no llega. No hablo de una lista de tareas laborales, sino de una lista de temas personales.

Puede tratarse de ordenar el trastero, comenzar un libro o devolver una llamada a alguien. Normalmente nos proponemos hacer más cosas de las que realmente podemos abarcar, con lo que el hecho de no acabar nunca la lista solo consigue que nos sintamos ineficaces.

Te animo a plantearte estas preguntas al analizar tu lista de tareas personales: ¿son cosas que te dan vueltas por la cabeza cada cierto tiempo? ¿Te provocan malestar cada vez que piensas en ellas? ¿Las vas retrasando? ¿Cuánto tiempo llevan en tu lista?

Las cosas pendientes, aunque no lo notes, suelen ser como una carga que soportas sobre tus espaldas, una mochila que acarreas cada día que postergas la tarea en cuestión. Por eso es necesario reestructurar la lista.

✧ Elimina aquellas tareas pendientes que sabes que no vas a hacer. Ya encontraremos un momento en el futuro para realizarlas.

✧ Haz una lista realista, no una lista de deseos.

✧ Dedica veinte minutos diarios a hacer alguna de las tareas de la lista. Y si no puedes, proponte un día a la semana para dedicarle ese tiempo a la tarea pendiente.

✧ Marca en color amarillo en cuanto logres cumplir algo de tu lista; así, cada vez que mires te será fácil ver todo lo que ya llevas hecho. Es un buen método para motivarte.

También te propongo que prescindas de la lista durante una semana, olvídate de ella. Concéntrate en tu día a día, sin preocuparte de lo que te queda por hacer. Esto va a facilitar que puedas ver nuevos objetivos, y puede que surja una nueva lista con tareas que en este momento son más importantes para ti, pero que al estar enfocada en la otra lista no te permitías ver.

Registra cómo te sientes

CO — contenta
TA — tranquila
CA — cansada
TI — triste
AN — ansiosa
EN — enfadada
OT — otra

1	2	3	4	5	6	7
8	9	10	11	12	13	14
15	16	17	18	19	20	21
22	23	24	25	26	27	28
29	30	31				

13
DEJA DE INTENTAR CAMBIAR A LOS DEMÁS

En tus manos no está cambiar a los demás, solo puedes cambiar tú. ¿Cuántas veces has intentado cambiar a otra persona? Es algo que, por mucho que nos esforcemos, no lograremos. Lo único que puedes hacer es intentar ser un modelo o un referente para ellos, o dejarlos tranquilos.

Lo que nos irrita de los demás no es más que el reflejo de nuestros propios fallos. Si un rasgo de alguien te disgusta es porque seguramente tú también lo tienes, pero solo puedes verlo en los demás. Pero también puede deberse a todo lo contrario: si eres una persona obsesionada con que las cosas salgan perfectas y atraes a alguien poco exigente, puede que sea para que aprendas a relajarte o para que sigas tu camino lejos de esta persona.

¿Te has enfadado con alguien porque no actúa como quisieras? Pensemos en las parejas, que es donde más observo esta pulsión de querer cambiar al otro. ¿Si no te gusta su forma de reaccionar o actuar, por qué sigues a su lado?

Te pongo un ejemplo. Imaginemos que hemos de decirle a alguien que deje de fumar. Si esa persona no quiere dejar el tabaco, por mucho que le digas, que le argumentes, que defiendas los beneficios de no fumar, si no quiere hacerlo, no lo hará. Solo puedes cambiar tú, si tú te lo propones.

Y aquí os voy a hablar en primera persona, y de Alberto, mi pareja (tengo su permiso para contar esto). Alberto fuma tres cigarrillos al día, y yo soy antitabaco total. Desde el minuto uno está diciéndome que quiere dejar de fumar, que lo ayude, que así le resultará más fácil. Lo curioso es que yo siempre le he dicho, «pon una fecha y avísame cuando realmente quieras dejar de fumar».

Porque no sirve de nada que yo le diga «venga, deja de fumar ya», si él no lo ha decidido. Así llevamos casi tres años, y siempre que yo le decía eso de «avísame cuando realmente quieras», se me quedaba mirando con cara de risa, sin entenderme. Ahora me da la razón, y cuando sale este tema, lo reconoce: «Tienes razón, Marta, aún no lo he decidido».

Espero que cuando se publique este libro, pueda deciros que Alberto ya ha dejado de fumar. Pero, insisto, no depende de mí.

Por eso es fundamental entender que el cambio solo puedes hacerlo en ti misma, así como los demás tienen que decidir por sí mismos lo que quieren cambiar en sus vidas y ocuparse de ello.

Cambia tú, y acepta a los demás. Aprende lo que puedas de los demás, intenta comprender su mapa mental o su realidad, los motivos por los que cada cual actúa como actúa. Intentar cambiarlos supone una enorme pérdida de energía, que puedes emplear mucho mejor trabajando en ti. Si tú esperas que los demás te quieran tal como eres, debes corresponderles de igual manera.

SEGUNDA PARTE

SI TE CONOCES PUEDES QUERERTE

Cuando conocemos a alguien que nos atrae, queremos conocerlo más. Entonces lo que solemos hacer es quedar con esa persona, en grupo o a solas, para saber más sobre ella. Sus gustos, sus hábitos, sus preferencias. Saber en qué trabaja, qué le apasiona, conocer su carácter y su personalidad. Ver cómo reacciona a su entorno, cómo se relaciona...

Solo así nace el cariño hacia otra persona, e incluso el amor. De lo contrario, si conocemos a esa persona solo de un día, es imposible que el cariño fructifique o nazca el amor.

Lo mismo sucede conmigo misma. Si no me paro a descubrir cómo soy, qué me gusta, qué quiero, cuáles son mis talentos, virtudes y habilidades, difícilmente me podré querer. No podemos querer aquello que no conocemos. En cambio, podemos querer más y más aquello que sí conocemos.

A tal fin he creado este bloque con ejercicios de autoconocimiento. Desde mi punto de vista, esto debería enseñarse en las escuelas, desde la infancia. Aprender a conocernos debería ser una asignatura obligatoria. Llegaríamos a la etapa adulta mucho más felices, porque si me conozco puedo tomar decisiones mucho más conscientes, tanto en lo relativo a la pareja, como a los estudios, al trabajo, al lugar donde vivir, a lo que quiero hacer con mi vida, etcétera.

Recuerda que esta es la parte en que pintas la hoja en blanco que te comentaba en la introducción del libro.

14
CONOCE TUS VALORES

Los valores humanos son una serie de principios universales por los que se rige la mayoría de las personas. Nos sirven de guía para saber cómo conducirnos para vivir armónicamente en comunidad y evolucionar juntos y juntas.

Estos valores no están determinados ni por la cultura, ni por la religión, ni por el tiempo, ni por ningún otro condicionante. Son innatos al ser humano, perdurables en el tiempo y trasladables a cualquier lugar del mundo.

Nos ayudan a definir lo que es innegociable para nosotros, priorizando y jerarquizando de forma mucho más clara las distintas situaciones que se nos presenten, y diferenciando entre lo importante y lo trivial. Asimismo, nos impulsan a tomar las decisiones que consideramos más adecuadas y que nos hacen sentir bien con nosotras mismas.

Este ejercicio te ayudará a conocer y a reconocer lo que realmente es importante para ti, lo que quieres tener en tu vida.

También te permitirá entender mejor cómo tomas las decisiones, por qué algunas cosas te parecen inaceptables y otras, en cambio, son un pilar que afianza tu vida. Si las conoces y las respetas en tu día a día, conseguirás disfrutar una vida más coherente.

Sería tan simple como saber identificar para qué haces lo que haces en cada momento. ¿Para qué estás leyendo este libro? Responder a esta cuestión es más complejo de lo que parece. Por eso he preparado un ejercicio que te va a ayudar a desgranar este entramado de los valores.

De entre todos los valores que aparecen en la siguiente lista escoge los que más te representen, o aquellos con los que te sientas identificada.

Subraya los valores con los que te sientas más identificada.

Reconocimiento	Trabajo bajo presión	Influencia	Conocimiento
Estabilidad	Formalidad	Intimidad	Orden
Mérito	Seguridad	Seguridad económica	Amistades
Cooperación	Desarrollo personal	Mejora y ascenso profesional	Excelencia
Trabajo en equipo	Cambio y variedad	Dinero	Respeto
Armonía interior	Crecimiento	Liderazgo	Emoción
Eficacia	Aventura	Creatividad	Relaciones estrechas
Decisión	Estatus	Placer	Comunidad
Arte	Religión	Servicio público	Innovación
Eficiencia	Afecto, amor y cariño	Fama	Conciencia ecológica
Ganancia económica	Retos físicos	Naturaleza	Posición
Pureza	Estatus intelectual	Retos	Ayudar a otras personas
Familia	Prácticas éticas	Trabajo significativo	Autorrespeto
Libertad horaria	Competición	Poder y autoridad	Reputación
Trabajo en solitario	Capacidad	Independencia	Relaciones de calidad
Franqueza	Serenidad	Espiritualidad	Honradez
Responsabilidad	Logros	Trabajo de calidad	Verdad
Lealtad	Tranquilidad	Integridad	Democracia
Sofisticación	Sabiduría	Expresión	Romanticismo

Elige solo cinco valores de todos los que hayas subrayado. Ahora ordénalos de mayor a menor importancia en una escala del 1 al 5, siendo el 1 el más importante. Escríbelos en la tabla, y recuerda que debes basarte en los criterios que rigen tu vida en este momento.

1 ....

2 ....

3 ....

4 ....

5 ....

Ahora toca analizar en qué medida se están cumpliendo tus valores fundamentales actualmente. Responde a la siguiente pregunta:

En una escala del 1 al 10, siendo 10 el grado máximo de satisfacción, actualmente ¿hasta qué punto estás satisfecha de cada uno de los valores que has elegido? Indícalo en la tabla:

Orden	Valor	Nivel satisfacción

Plan de acción para alinear valores

Todo valor que posea una puntuación superior a 7 está alineado.

Selecciona inicialmente dos valores por trabajar, escríbelos y responde las preguntas siguientes:

✦ ¿Cuál es el estado de satisfacción deseado?

....

....

....

✦ ¿Qué nivel de satisfacción te guastaría alcanzar para cada
valor en un plazo de tres a seis meses?

....

....

....

✦ ¿Qué piensas hacer para conseguirlo? Recuerda que han
de ser acciones específicas.

....

....

....

✦ De todas estas acciones, ¿por cuál quieres empezar?

....

....

....

✦ ¿Cuándo quieres empezar? Fija un plazo máximo.

....

....

....

✦ ¿Hay alguien más implicado? ¿Vas a necesitar a otras personas?

....

....

....

✦ ¿Cómo sabrás que las acciones dan resultado?

....

....

....

✦ Del 1 al 10, ¿Cuál es tu nivel de compromiso para lograrlo?

....

....

....

✦ Si no es un 10, ¿qué necesitas para que lo sea?

....

....

....

15
DISEÑA TU VIDA IDEAL

Para poder crear esa vida que queremos es importante saber cuál es nuestro punto de partida. Desde aquí podemos construir el puente que nos permita alcanzar nuestras metas y objetivos.

A veces puede suceder que no nos sentimos totalmente satisfechas con nuestro estilo de vida, pero tampoco somos capaces de ver qué aspectos están fallando y nos bloquean. Un primer paso hacia la transformación es practicar el autoanálisis e identificar aquellas áreas en las que es necesario trabajar para mejorar.

A tal fin te propongo un ejercicio muy utilizado en el coaching: la rueda de la vida.

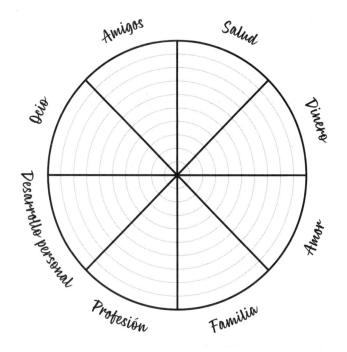

El procedimiento es el siguiente:

✧ Puntuar cada área

¿Cómo puntuar en la rueda de la vida? Se hace una señal en la fracción del círculo correspondiente al número que asignamos a cada uno de los conceptos que aparecen en el exterior de la circunferencia, de acuerdo con el grado de satisfacción que nos producen. El rango va del número 1 al 10, siendo 10 la máxima puntuación.

◇ La siguiente fase consiste en unir los puntos y observar la forma que ha adquirido nuestra rueda de la vida.

◇ Ahora toca analizar cada una de las áreas.

ÁREA: ....

✦ ¿Cómo es ahora?

....
....

✦ ¿Cómo me gustaría que fuera? Aquí sueña alto, no te pongas límites. Más adelante ya veremos cómo trabajar esas creencias que nos inducen a pensar que no lo conseguiremos.

....
....

ÁREA: ....

✦ ¿Cómo es ahora?

....
....

✦ ¿Cómo me gustaría que fuera?

. . . .

. . . .

ÁREA: . . . .

✦ ¿Cómo es ahora?

. . . .

. . . .

✦ ¿Cómo me gustaría que fuera?

. . . .

. . . .

ÁREA: . . . .

✦ ¿Cómo es ahora?

. . . .

. . . .

✦ ¿Cómo me gustaría que fuera?

. . . .

. . . .

ÁREA: ....

✦ ¿Cómo es ahora?

....
....

✦ ¿Cómo me gustaría que fuera?

....
....

ÁREA: ....

✦ ¿Cómo es ahora?

....
....

✦ ¿Cómo me gustaría que fuera?

....
....

ÁREA: ....

✦ ¿Cómo es ahora?

....
....

✦ ¿Cómo me gustaría que fuera?

. . . .

. . . .

ÁREA: . . . .

✦ ¿Cómo es ahora?

. . . .

. . . .

✦ ¿Cómo me gustaría que fuera?

. . . .

. . . .

◇ Decidir por dónde empezar

Una vez que hayas respondido a estas cuestiones, debes decidir qué área, de todas las que están por mejorar, comenzarás a trabajar. No siempre es necesario empezar por la que tiene una puntuación más baja, ya que dependiendo del momento vital en que te encuentres es más recomendable darle prioridad a una que no tenga la calificación más baja.

✦ ¿Por dónde me gustaría empezar?

. . . .

. . . .

✦ ¿Qué vas a hacer ya mismo para caminar desde un área a otra?

. . . .

. . . .

Este ejercicio lo puedes repetir las veces que necesites. De hecho, es bueno que lo tengas siempre a mano, porque sirve para ir corrigiéndote en caso de que te salgas un poco de la ruta que has trazado. Te confieso que yo lo utilizo mucho; cuando noto que no estoy satisfecha con mi día a día, o cuando algo no encaja en mi vida y me siento más irritable, me dibujo una rueda y llevo cabo un autoanálisis que me ayuda a aterrizar y a descubrir qué está pasando.

Al final del libro retomaremos este ejercicio y veremos cómo trabajarlo más en profundidad.

16
PON EL FOCO EN TUS RECURSOS

Vamos a descubrir tus fortalezas, que estoy convencida de que son muchas y no siempre somos capaces de verlas o reconocerlas. Las fortalezas nos ayudan a encontrarles sentido a las cosas, a emprender una carrera profesional o a desenvolvernos con soltura. Entenderlas y encontrar cuáles son las nuestras puede hacer que saquemos lo mejor de nosotras y servirnos de apoyo para lidiar cualquier problema que nos surja.

Siempre que utilizo este ejercicio en mis sesiones de coaching me parece de lo más curioso. En cuanto lo explico, sucede algo que se repite casi en todas las chicas: abren los ojos con cara de sorpresa, suspiran y se quedan en silencio. Su mutismo puede durar bastante, pero yo no lo rompo, es más, dejo que los pensamientos que ha suscitado mi explicación fluyan por sus mentes.

Cuando empiezan a hablar, me dicen cosas como «no se me ocurre ninguna», «si se tratara de enumerar mis defectos, ya tendría la lista hecha», «uf, esto resulta más difícil de lo que pensaba», «me da vergüenza decirlo en voz alta»... y así unas cuantas respuestas más.

Vamos a facilitar este proceso, y para ello nos valdremos de la psicología positiva, más concretamente del modelo creado por Martin Seligman y Christopher Peterson, según el cual la personalidad se divide en 24 fortalezas. Todas estarían presentes en cada uno de nosotros. Según la persona, unas estarían más potenciadas, otras tendrían una presencia más débil y las restantes mantendrían cierto equilibrio.

A continuación, te describiré las 24 fortalezas según Seligman y Peterson, y a medida que vayas leyendo te animo a que subrayes aquellas con las que te identifiques en mayor medida.

Sabiduría y conocimiento:

Fortalezas cognitivas que implican la adquisición y el uso del conocimiento.

◇ Curiosidad, interés por el mundo

Tener interés por lo que sucede en el mundo, encontrar temas fascinantes, explorar y descubrir nuevas cosas.

◇ Amor por el conocimiento y el aprendizaje

Llegar a dominar nuevas materias y conocimientos, marcada tendencia a adquirir nuevos aprendizajes.

✧ Juicio, pensamiento crítico, mentalidad abierta

Pensar en las cosas y examinar todos sus significados y matices. No sacar conclusiones al azar, sino tras evaluar cada posibilidad. Estar dispuesto a cambiar las propias ideas basándose en la evidencia.

✧ Ingenio, originalidad, inteligencia práctica

Pensar en nuevos y productivos caminos y formas de hacer las cosas. Incluye la creación artística, pero no se limita exclusivamente a esta.

✧ Perspectiva

Ser capaz de dar consejos sabios y adecuados a los demás, encontrando caminos no solo para comprender el mundo sino también para ayudar a comprenderlo a los demás.

Coraje:

Fortalezas emocionales que implican la consecución de metas ante situaciones de dificultad externa o interna.

✧ Valentía

No dejarse intimidar ante la amenaza, el cambio, la dificultad o el dolor. Ser capaz de defender una postura que uno cree correcta, aunque exista una fuerte oposición por parte de los demás, actuar según las propias convicciones, aunque ello implique ser criticado. Incluye la fuerza física pero no se limita a eso.

✧ Perseverancia y diligencia

Terminar lo que uno empieza. Persistir en una actividad, aunque existan obstáculos. Obtener satisfacción por las tareas emprendidas y que llegan a finalizarse con éxito.

✧ Integridad, honestidad, autenticidad

Ir siempre con la verdad por delante, no ser pretencioso y asumir la responsabilidad de los propios sentimientos y acciones emprendidas.

✧ Vitalidad y pasión por las cosas

Afrontar la vida con entusiasmo y energía. Hacer las cosas con convicción y dando todo de uno mismo. Vivir la vida como una apasionante aventura, sintiéndose vivo y activo.

Humanidad:

Fortalezas interpersonales que implican cuidar y ofrecer amistad y cariño a los demás.

✧ Amor, apego, capacidad de amar y ser amado

Tener importantes y valiosas relaciones con otras personas, en particular con aquellas en las que el afecto y el cuidado son mutuos. Sentirse cerca y apegado a otras personas.

✧ Simpatía, amabilidad, generosidad

Hacer favores y buenas acciones a los demás, ayudar y cuidar a otras personas.

✧ Inteligencia emocional, personal y social

Ser consciente de las emociones y sentimientos tanto de uno mismo como de los demás, saber cómo comportarse en las diferentes situaciones sociales, saber qué cosas son importantes para otras personas, tener empatía.

Justicia:

Fortalezas cívicas que conllevan una vida en comunidad saludable.

✧ Ciudadanía, civismo, lealtad, trabajo en equipo

Trabajar bien dentro de un equipo o grupo de personas, ser fiel al grupo y sentirse parte de este.

✧ Sentido de la justicia, equidad

Tratar a todas las personas como iguales en consonancia con las nociones de equidad y justicia. No dejar que los sentimientos personales influyan en las decisiones sobre los otros, procurando darle a todo el mundo las mismas oportunidades.

◇ Liderazgo

Animar al grupo del que uno es miembro a hacer cosas, así como reforzar las relaciones entre las personas de dicho grupo. Organizar actividades grupales y llevarlas a buen término.

Moderación:

Fortalezas que nos protegen contra los excesos.

◇ Capacidad de perdonar, misericordia

Capacidad de perdonar a aquellas personas que han actuado mal, dándoles una segunda oportunidad, sin ser vengativo ni rencoroso.

◇ Modestia, humildad

Dejar que sean los demás los que hablen de uno mismo, no buscar ser el centro de atención y no creerse más especial que los demás.

◇ Prudencia, discreción, cautela

Ser cauteloso a la hora de tomar decisiones, no asumir riesgos innecesarios ni decir o hacer nada de lo que después uno pueda arrepentirse.

◇ Autocontrol, autorregulación

Tener capacidad para regular los propios sentimientos y acciones. Tener disciplina y control sobre los impulsos y emociones.

Trascendencia:

Fortalezas que forjan conexiones con la inmensidad del universo y dan significado a la vida.

◇ Aprecio por la belleza y la excelencia, capacidad de asombro

Saber apreciar la belleza de las cosas, del día a día, o interesarse por aspectos de la vida como la naturaleza, el arte, la ciencia…

◇ Gratitud

Ser consciente y agradecer las cosas buenas que a uno le pasan. Saber dar las gracias.

◇ Esperanza, optimismo, proyección hacia el futuro

Esperar lo mejor para el futuro y trabajar para conseguirlo. Creer que un buen futuro es algo que está en nuestras manos conseguir.

◇ Sentido del humor

Disfrutar de la risa y gastar bromas, sonreír con frecuencia, ver el lado positivo de la vida.

◇ Espiritualidad, fe, sentido religioso

Pensar que existe un propósito o un significado universal en las cosas que ocurren en el mundo y en la propia existencia. Creer que existe algo superior que da forma o determina nuestra conducta y nos protege.

Aprender a ver lo bueno que tenemos y las cosas que hacemos bien es fundamental para sentar las bases de una buena autoestima y vivir disfrutando más de la vida.

Puede que ya hayas identificado tus fortalezas, o puede que ahora tengas más lío en la cabeza. Por eso el ejercicio no acaba aquí.

Mis clientes de coaching también se divierten mucho con esta parte cuando se la pongo como tarea. La titularemos «Lo que los demás ven de ti».

✧ Vas a enviar un e-mail a cinco personas que te conozcan bien —amigos, familia, pareja— y les pedirás que mencionen tres fortalezas que te caracterizan. Te sorprenderá comprobar cómo gente de lugares tan dispares (¡cada uno con sus propias palabras!) coincide destacando cosas similares. Esto es así porque esas cosas tan tuyas son precisamente las que, vayas adonde vayas, siempre terminan saliendo de una forma o de otra.

✧ Ahora compara lo que tú habías subrayado en el ejercicio anterior con lo que te han dicho en los mails. Con ello sabremos si el punto de vista que tienes de ti misma está en consonancia con lo que los demás también ven.

Te voy a revelar un secreto: ver las fortalezas de los demás es mucho más fácil que ver las propias, así que es normal que te haya sorprendido el resultado.

TIP 1: Ahora haz una lista de todas las fortalezas que han salido, y déjala a la vista. Así, cada vez que mires la lista te empoderarás.

TIP 2: Selecciona de tres a cinco características de la lista anterior. Con las fortalezas que has seleccionado estableceremos un plan para que puedas aplicarlas durante la próxima semana:

Por ejemplo:

Día 1
Fortaleza: curiosidad
Plan: después de la cena, daré un paseo por un lugar de la ciudad que aún no conozca.

Día 2
Fortaleza: honestidad
Plan: le escribiré una carta a mi yo del pasado en la que hablaremos de un suceso ya acontecido que tiene que ver con mi inseguridad y nos reconciliaremos.

Día 3
Fortaleza: constancia
Plan: durante una semana, todas las noches antes de irme a dormir practicaré una actividad de autocuidado.

Tu plan durará siete días y podrás repetir las fortalezas que desees. Por ejemplo, si escogiste «comunicación», «flexibilidad» y «socialización», tu plan puede ser:

Día 1: comunicación
Día 2: comunicación
Día 3: flexibilidad
Día 4: flexibilidad
Día 5: flexibilidad
Día 6: socialización
Día 7: socialización

Ahora crea tu propio plan en el siguiente cuadro:

Día	Fortaleza	Plan

Registra cómo te sientes

CO	TA	CA	TI	AN	EN	OT
contenta	tranquila	cansada	triste	ansiosa	enfadada	otra

1	2	3	4	5	6	7
8	9	10	11	12	13	14
15	16	17	18	19	20	21
22	23	24	25	26	27	28
29	30	31				

17
DESCUBRE TUS TALENTOS

No hay ninguna persona que no tenga algún talento. Hay quienes sostienen que no tenemos solo uno o dos talentos, sino un mínimo de siete. Sin embargo, también es muy normal que no nos demos cuenta de cuáles son.

A veces sucede que aquello que se nos da bien lo tenemos tan normalizado que no nos damos cuenta de que no todo el mundo posee esa habilidad o característica.

Insisto, todo el mundo tiene talentos, aunque no sepa exactamente cuáles son. Muchas de nuestras fortalezas pueden permanecer ocultas durante toda la vida porque no valoramos lo suficiente una habilidad o capacidad.

Antes de hablar sobre cómo descubrir nuestro talento, primero debemos entender a qué nos referimos. Se entiende por talento cada una de las capacidades que tiene un individuo para desempeñar o ejercer una actividad. Son las buenas aptitudes de las que dispone una persona para hacer algo en concreto. Cada persona tiene sus talentos, que varían de un individuo a otro. Cada persona tiene capacidades y aptitudes distintas para realizar determinadas tareas o actividades.

El talento tiene cinco claves que deben cumplirse, gracias a las cuales nos resultará más fácil identificarlo.

◇ Innato: nacemos con el potencial. Desarrollarlo requiere unas diez mil horas de entrenamiento. El instituto Gallup afirma que entre los tres y los dieciséis años el talento ya está totalmente definido en el cerebro.

◇ Fácil: resulta sencillo y liviano obtener resultados óptimos. Aunque requiere disciplina y puede tener sus momentos de frustración.

◇ Repetible: unos resultados extraordinarios para otros, para ti son una ordinariez cuando se trata de tu talento.

◇ Reconocible: las personas de tu entorno que no tengan intereses personales ven el valor de tus aportaciones. El talento es evidente.

◇ Placentero: es la energía que nos levanta cuando las cosas se ponen en contra. El tiempo te pasa volando cuando estás inmerso en alguna actividad acorde con tu talento.

Reconocible

Fácil **TALENTO** Repetible

Placentero Innato

Vamos a realizar un ejercicio basado en estas cinco claves ¿Cómo descubrir mi talento a través de ellas?

✦ ¿Qué haces desde la niñez que se te dé bien? ¿Qué té encantaba hacer cuando eras pequeña? He aquí un pequeño truco por si no se te ocurre nada: pregúntale a tu madre o a tu padre qué se te daba bien hacer de niña y podías pasarte horas y horas haciéndolo.

....
....
....

✦ ¿Qué cosas son fáciles de hacer para ti? Enumérame diez.

....
....
....

✦ ¿Qué cosas repites una y otra vez que te salen bien? No que te salgan bien a veces, sino siempre.

....
....
....

✦ ¿Qué cosas te dicen los demás que se te dan bien? Son esas cosas que suelen pedirte que hagas tú porque saben que te sale genial.

....
....
....

✦ ¿Qué cosas haces que te encantan? ¿Con qué cosas se te pasa el tiempo volando?

....
....
....

Las preguntas que acabamos de ver son una buena manera de descubrir cuál es tu talento. Sirven para potenciar nuestro autoconocimiento y nos ayudarán a identificar nuestros talentos, innatos o adquiridos, y también a saber qué cosas no se nos dan bien. El siguiente paso es saber explotarlos, disfrutando del proceso de aprendizaje y descubriendo nuestra verdadera vocación.

Una vez identificados tus talentos, es el momento de definir qué actividades te permiten desarrollarlos la mayor parte del tiempo.

Talento	Actividades para desarrollarlo

Ahora ponle fecha a cada una de las actividades. Quizá no podrás agendarlas todas ahora, puede que necesites empezar por una para poder hacer otra. Visualízate en unos meses o en un año. Lo que no puedas empezar ya, déjalo y retoma esta lista de actividades para volver a replantearlo.

Tus autosabotajes

Muchas veces he oído: «Si es que yo ya sé lo que me iría bien… sé qué hacer… ¡pero no lo hago! No sé por qué, y después me siento culpable». ¿Te suena? ¿Te ha pasado alguna vez?

¿En qué consiste el autoboicot?

Básicamente en ponernos impedimentos, o en ir en contra de nuestros propios deseos y necesidades, adoptando una actitud que nos impide avanzar. Por ejemplo:

Me propongo bajar de peso, pero acabo dándome atracones o comiendo de forma poco saludable.

Deseo aprobar unas oposiciones, pero procrastino y me distraigo en lugar de estudiar.

Quiero cambiar de trabajo, pero no me presento a las entrevistas cuando me llaman.

Deseo iniciar una relación de pareja con alguien que me gusta, pero acabo alejándome de esa persona.

Te presento los cinco enemigos más comunes que he trabajado en mis sesiones de coaching. Todos tenemos un denominador común, y eso, por suerte o por desgracia, nos facilita el camino hacia la mejora.

Vamos a trabajar cada uno de ellos por separado, porque requieren una dedicación específica. Si intentamos enfocarnos en todos, no cambiaremos ninguno. Volvemos a la metáfora del inicio, cuando el galgo persigue los conejos, persigue uno solo cada vez, y así conseguirás tener éxito.

18
VENCE LA PEREZA

La pereza puede definirse como la falta de ganas de trabajar o de hacer cosas, así como debilidad o lentitud en el movimiento. Se trata de una falta de disposición a la hora de realizar determinadas tareas o actividades que suele ir ligada a la falta de motivación, a la poca claridad en los objetivos o a la inexistencia de resultados.

No hacer lo que debemos hacer o hacerlo con desgana, incide negativamente en nuestra calidad de vida. Además, el sentimiento de culpa por no ser capaces de vencer la pereza afecta a nuestra autoestima.

Aquí te dejo nueve claves para superar la pereza:

◇ Analiza tu entorno. ¿Estás rodeada de perezosos? A veces, nuestra familia, amigos o pareja nos proyectan ese mismo desánimo o apatía a la hora de iniciar una actividad. Tenlo en cuenta y busca un entorno que te motive.

✧ ¿Por dónde empiezo? No te compliques la vida y empieza por lo más simple.

✧ *Step by step.* A veces las tareas son tan ingentes que nos abruman. Para salir del atolladero lo mejor es dividir las tareas en otras tareas más pequeñas y así reducir la presión y mantenernos motivados.

✧ Póntelo fácil: Si algo te resulta trabajoso, déjalo todo preparado con anterioridad para que te resulte más fácil comenzar. Por ejemplo, hoy deja tu escritorio de trabajo recogido y ordenado, para que cuando mañana por la mañana llegues, lo veas bonito y te inspire.

✧ No pienses: Si le das vueltas seguro que encuentras un millón de excusas perfectas. No le des tiempo a tu cerebro a buscar argumentos en favor de la pereza. Puedes controlar tu mente, así que cuando tengas que hacer una tarea, fija una hora para empezar, ponte una alarma en el móvil que te avise de que ha llegado el momento, repite en tu cabeza, «3,2,1... ¡ya!» y empieza.

✧ Descansa: Es importante tener energía suficiente para acometer esa tarea que tanta pereza te provoca.

✧ Círculo virtuoso: Hazte un listado de tareas, y cada vez que consigas finalizar una subráyala. Así verás todo lo que vas consiguiendo y te sentirás más motivada.

19
PROCRASTINACIÓN

Es el hecho de retrasar asuntos que deben atenderse, susti-tuyéndolos por otros más irrelevantes o agradables.

Imagínate que tienes que ponerte a estudiar o que has de elaborar un informe que te han pedido, pero para el que aún no tienes fecha de entrega. En ese momento te viene a la cabeza el siguiente pensamiento: «Antes de ponerte a ello será mejor que te cambies de ropa para estar más cómoda». Entonces dejas lo que estás haciendo y te vas a cambiar de ropa. De camino a la habitación pasas por la cocina y se te ocurre picar algo antes de ponerte, para no tener que levan-tarte más tarde. Coges algo de comer. Y mientras estás co-miendo, decides echarle un vistazo a tu Instagram y cotillear un poco, así luego ya no te distraes.

Cuando te quieres dar cuenta ya han pasado dos horas. Y el tiempo que habías destinado a esa tarea se ha agotado. Enton-ces empiezas a ponerte nerviosa, te estresas y entra en juego el sentimiento de culpa. Empiezas a preocuparte y a agobiar-te con la hora, y eso aún te hace menos productiva y eficiente.

EJERCICIO
(extraído del libro *Domina tu tiempo*, de Thibaut Meurisse)

✧ Evalúate en una escala del 1 al 10 (siendo 1 «falso» y 10 «verdadero») para cada una de estas afirmaciones:

✦ Me falta claridad respecto a lo que debo hacer o respecto a cómo hacerlo.

✦ Espero que me llegue la motivación.

✦ Estoy distraído y soy incapaz de completar tareas difíciles.

✦ Me da miedo no hacer un trabajo lo suficientemente bueno.

✦ No tengo un plazo claro o una sensación de urgencia.

✦ No dispongo de una rutina diaria que me ayude a ponerme a trabajar.

✦ Mi entorno favorece los comportamientos poco productivos o tóxicos.

✦ Tengo demasiadas cosas que hacer y me siento atascado.

✧ Selecciona una tarea con la que hayas estado procrastinando recientemente.

· ·

Escribe la razón o razones concretas por las que estás procrastinando en esta tarea en particular (falta de claridad, falta de conciencia, escasa concentración, etc.).

· ·

✧ Escribe una cosa en concreto que podrías hacer para empezar esa tarea.

· ·

Aquí te dejo 3 TIPS que a mí me funcionan y que aplico en mi día a día:

TIP 1: Rompe la barrera del primer minuto.

Lo realmente complicado es vencer el momento anterior a ponerte manos a la obra. Si logras vencerlo tendrás la mitad del trabajo hecho. Y a partir de los cinco primeros minutos será tu cerebro el que te ayude, pues creará la ansiedad necesaria para que puedas terminar la tarea que has comenzado. Pon una hora de inicio y oblígate a cumplirla. Al principio te costará, pero no es más que un hábito, y en pocos días lo habrás integrado.

TIP 2: Identifica lo que te distrae.

En mi caso, tener el móvil cerca hace que casi de forma automática quiera mirar cuando veo notificaciones nuevas. Entonces me organizo por bloques de una hora, lo pongo en modo luna, y lo dejo un poco lejos de mí, de forma que no pueda cogerlo desde donde trabajo. Pongo una alarma que suene al cabo de una hora, y así sé que me toca descansar cinco minutos. Otro truco que añado aquí es poner otra alarma que suene cinco minutos más tarde, y así me obligo a reanudar el trabajo, porque me di cuenta de que esos cinco minutos de descanso se podían convertir fácilmente en treinta.

TIP 3: Crea un ambiente que te guste.

Tu espacio de trabajo tiene que ser bonito y de tu gusto. Si está ordenado, te darán ganas de trabajar allí. Perfuma el ambiente, pon música acogedora, prepárate un té o un café. Hazte fácil el camino que te lleve a empezar la tarea.

20
FALTA DE ORGANIZACIÓN

Tener la sensación de ir siempre con prisas, de no dar abasto, de estar muy ocupada, con muchos compromisos tanto profesionales como personales, pero aun así sentir que una no avanza, que no llega a hacer lo que se ha propuesto, o que no hace nada de provecho. También puede experimentarse una sensación de dispersión y de agobio, empezar muchas cosas y no acabarlas, o no saber por dónde empezar... ¡ojalá el día tuviera cuarenta horas! ¿Te ha pasado alguna vez algo así?

Muchas veces esto nos sucede porque vamos por la vida sin rumbo. Pararte y planificar es una de las mejores cosas que puedes hacer por tu vida: social, laboral, personal... Nuestro día a día saldrá beneficiado en todos los aspectos si lo hacemos, por mucho que nos cueste al principio.

Se trata de identificar qué es eso tan pesado que llevamos en la mochila, que no nos deja avanzar y de lo cual necesitamos deshacernos, y al mismo tiempo saber con qué necesitamos llenarla para alcanzar nuestras metas.

En el mundo del coaching hay muchas herramientas que son de gran utilidad y tienen múltiples aplicaciones. Una de las que me gustan especialmente, por lo sencilla y efectiva que resulta, es la plantilla «Quiero-Tengo».

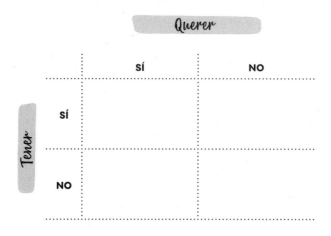

Este cuadro ofrece varias ventajas:

✧ Nos proporciona una foto fija de cómo estamos.

✧ Nos conecta con nuestra gratitud al saber lo que tenemos y lo que nos falta.

✧ Despierta nuestra motivación al mostrarnos qué queremos.

✧ Nos ayuda a ver más claro de qué nos tenemos que desprender.

Ahora te explico el paso a paso para rellenar cada recuadro:

◇ Primero escoge uno de los puntos de la rueda de la vida en el que quieras trabajar, te ayudará a ser más conciso y específico. Por ejemplo, salud, porque queremos practicar más deporte.

◇ El primer recuadro es aquello que queremos conservar. Lo que sí tienes y quieres, que te ayuda a alcanzar tu objetivo. Describe los recursos con los que cuentas en el momento presente.

◇ En el segundo recuadro tienes que apuntar aquello que quieres eliminar. Anota lo que NO quieres, pero SÍ tienes, y que obstaculiza tu objetivo. Lo que habrás de sacar de tu mochila porque te sobra, porque te pesa, porque te frena. La vida y la inercia te han hecho cargar con ello. Acumulamos bienes, circunstancias, relaciones que puede que en el momento en que entraron en nuestras vidas tuvieran una función, pero que en el momento actual han dejado de cumplirla. ¿Qué hacer con ellas? Pues eliminarlas. Primero piensa en cómo sería tu vida sin ellas, y a continuación, plantéate qué puedes hacer para retirarlas de tu vida.

◇ En el tercer cuadrante anota lo que SÍ quieres y NO tienes para conseguir tu objetivo. Lo que has de meter en tu mochila y aún no está. Es lo que necesito conseguir. Piensa qué quieres, para cuándo lo quieres y qué tienes que hacer para conseguirlo. No dejes que todo quede en el aire. Escribe en un papel tu objetivo y las acciones que habrás de emprender para alcanzarlo.

✧ NO quiero y NO tengo. El cuarto cuadrante te hará recapacitar sobre las circunstancias que viven otras personas y en las que tú tienes la fortuna de no encontrarte. Te ayudará a ser consciente de las decisiones que has tomado para dejar de lado cosas que no querías.

Preguntas para la reflexión

✦ ¿Por dónde quieres empezar, por eliminar lo que no quieres y tienes, o por conseguir lo que sí quieres y no tienes?

....
....
....

✦ ¿Has detectado algunos recursos que no eras consciente de que tenías? Extrae las cosas positivas de este ejercicio que han servido para empoderarte.

....
....
....

Registra cómo te sientes

CO	TA	CA	TI	AN	EN	OT
contenta	tranquila	cansada	triste	ansiosa	enfadada	otra

1	2	3	4	5	6	7
8	9	10	11	12	13	14
15	16	17	18	19	20	21
22	23	24	25	26	27	28
29	30	31				

21
FALTA DE EXIGENCIA
O CONFORMISMO

Se habla mucho del perfeccionismo o la hiperexigencia, y poco de lo que puede sufrir una persona conformista. Aquellos que se hallan instalados en su zona de confort recurren a un repertorio limitado de conductas, creencias y afectos que les permiten mantener un nivel de desempeño estable y aceptable en la gestión de los distintos aspectos de sus vidas, sin asumir riesgos que puedan generarles ansiedad, incertidumbre o miedo.

Seguramente me preguntarás, ¿y que tiene eso de malo? Pues que, aunque aparentemente no haya nada que decir de semejante actitud, esta persona no crece, siempre está estancada, y le puede generar una infelicidad cuyo origen en muchos casos se encuentra en la falta de confianza en sí misma para asumir los riesgos y vencerlos. Son personas que viven sin iniciativa, carecen de autoridad y en muchos casos también de individualidad, porque siempre se adaptan al grupo.

Dime si te identificas con alguna de estas características:

◇ Temes asumir riesgos y dejas pasar oportunidades argumentando que puedes perder más de lo que ganas.

◇ Sientes una apatía que te impide crecer intelectual y emocionalmente.

◇ No te motivan ni los planes de futuro, ni los proyectos, ni probar cosas nuevas.

◇ En tu día a día sueles procrastinar, es decir, aplazas las tareas de forma indefinida y sin motivo aparente.

◇ Pospones aquello que «te gustaría hacer» y cambias el «hoy» por la expresión «algún día».

Para crecer y desarrollarnos necesitamos salir de la zona de confort. Al principio no te resultará fácil, pues te asaltarán miedos e inseguridades. Para vencerlos te propongo un ejercicio muy potente que te ayudará a planificar cómo «dar el salto».

El ejercicio consta de tres fases:

◇ Tu zona de confort.

Escribe en este recuadro los nombres de todas aquellas personas que te aportan seguridad. También todas las cosas o lugares que te inspiran bienestar y seguridad. Habrá momentos en que necesites recurrir a ellos, y así lo tendrás a mano.

◇ Recaba opiniones.

Elige a algunas de las personas que has incluido en el recuadro y pídeles que te digan —sinceramente— en qué áreas de tu vida creen que podrías arriesgarte más.

Anota en el recuadro inferior el nombre y lo que te ha dicho cada una de estas personas. Ten en cuenta que solo son opiniones, pero te resultarán muy útiles para hacer un ejercicio de introspección.

Quién	En qué puntos puedo arriesgar

◇ Vence tus temores.

Resulta fundamental ser consciente de lo que nos infunde temor para poder afrontarlo. A continuación, haz una lista con todo lo que te da miedo. Ahora que tienes un listado de puntos que te pueden ayudar a salir de tu zona de confort, vamos a trabajarlos.

Anota tus temores dentro del cuadrado, todo aquello que te da miedo y puede bloquearte hasta el punto de impedirte avanzar.

Ahora contesta los siguientes enunciados. Te ayudarán a reflexionar y te empujarán a salir de tu zona de confort.

✦ Hoy voy a hacer esto de forma diferente (anota lo que vas a hacer):

....

....

✦ Así es como hoy pienso vencer los obstáculos:

....

....

✦ Hoy he salido de mi zona de confort y he descubierto esto de mí:

....
....

22
ELIMINA LA AUTOEXIGENCIA

¿Eres perfeccionista? Si lo eres, no sabes la de tiempo que estás perdiendo.

El perfeccionismo, al contrario de lo que pudiéramos llegar a pensar, no siempre es una virtud. En ocasiones puede convertirse en algo francamente insidioso, llegando incluso a enfermar a quien lo padece.

Hacer las cosas de la mejor manera posible es algo muy deseable, pero un exceso de perfeccionismo nos puede inducir a marcarnos metas imposibles de alcanzar, o a que el miedo a equivocarnos a la hora de tomar una decisión nos paralice.

El otro día me encontré con una persona que me comentó que estaba deseando que el mundo se detuviera durante un tiempo, que no llegaba a todo. Entonces yo le pregunté: «¿Cuánto le exiges a cada cosa que haces? ¿Y qué entiendes por todo?».

Querer hacer tu trabajo de la mejor manera posible es muy positivo, pero si eso te lleva a obsesionarte, te acabará generando ansiedad, frustración y estrés.

Y luego está la pregunta del millón: «¿Podría haberlo hecho mejor?». Un perfeccionista siempre te responderá que sí... ¿Te suena?

Pues aquí te dejo un ejercicio que te ayudará a trabajar la creencia de que si no está perfecto es inaceptable, y así dejar de ser tan dura contigo misma.

EJERCICIO

Identifica y reeduca a tu crítico interior

Lo que piensas de ti misma va a determinar lo que sientes por ti. Por eso es tan importante analizar el diálogo interno que mantienes contigo misma. Tus pensamientos negativos son automáticos, no los generas tú, no eres responsable de que estén ahí y, sobre todo, no has de creértelos, porque casi nunca son ciertos.

Trata de identificar a quién corresponde esa vocecilla de la que hablábamos, esa que cuando te miras en el espejo te dice: «Vas hecha un desastre, deberías llevar ropa más femenina/masculina/ que no te marque tanto la barriga...». Si te cuesta darte cuenta de su procedencia, trata de recordar situaciones que viviste entre los seis y los dieciséis años en las que tus personas de referencia pudieron haberte dicho cosas parecidas.

Durante toda esta semana te vas a observar, y vas a registrar en la siguiente página los pensamientos negativos que detectes que te envía tu mente en diferentes situaciones.

A continuación, escribe al lado el «Pensamiento antídoto», que cuestiona el pensamiento negativo. Imagina que lo que has escrito te lo cuenta tu mejor amiga, la persona que más te quiere. ¿Qué crees que te diría?

Pensamiento negativo	Pensamiento antídoto
Pareces una fulana con esta falda tan corta	Hoy vas vestida para brillar
Soy ridícula, ¿qué van a pensar de mí?	Lo he hecho lo mejor que he sabido

Comunicarte contigo misma en positivo es fundamental para reforzar tu autoconcepto. Por ello te animo a que leas el pensamiento antídoto las veces que necesites. Verás como en poco tiempo, a fuerza de repetición, tu mente responderá automáticamente a los pensamientos negativos y te enviará ella solita el pensamiento antídoto.

23
APRENDE A PASAR DEL QUÉ DIRÁN

La primera pregunta que tienes que hacerte a ti misma es: «¿De verdad quiero superar el miedo al qué dirán o prefiero no esforzarme y seguir viviendo la vida que quieren los demás?». ¿A qué grupo quieres pertenecer?

Precisamente estás aquí porque no estás tomando las decisiones que te acercan a tu felicidad, y es probable que lo estés haciendo por no «quedar mal» con alguien, por lo que alguien pueda pensar de ti. Aún necesitas que te den palmaditas en la espalda y que te digan lo bien que lo estás haciendo para sentir que lo estás haciendo bien.

Déjame decirte que esto es normal, porque somos seres sociales y necesitamos sentirnos parte de algo. La diferencia reside en que hay personas que consiguen superarlo y actuar conforme a sus propios dictados, y personas que prefieren no mover ficha para no ser quemadas en la hoguera.

No es malo que te preocupes por tu imagen o por la manera en que otros te perciben. El problema surge cuando la opinión de otros impide que tomes la iniciativa para hacer lo que quieres a fin de sentirte bien y ser feliz.

Y te recuerdo que, por mucho que te esfuerces, jamás conseguirás gustarle a todo el mundo, así que cuanto antes lo aceptes, mejor te irá. De lo contrario, te agotarás haciendo lo imposible por alcanzar un objetivo al que no se puede aspirar.

Si hablas, porque hablas.

Si no hablas, porque no hablas.

Si te pones tacones, porque te los pones.

Si no te pones tacones, porque no te los pones.

Si te maquillas mucho, porque te maquillas mucho.

Si te maquillas poco, porque te maquillas poco.

Y así podemos acabar locas…

Reflexionemos: ¿son tan graves las consecuencias de que alguien piense mal de nosotras? Seguro que sucede de vez en cuando y no pasa nada. Nosotras también pensamos negativamente de determinados aspectos de otras personas. Todas y todos tenemos amigos, familiares, conocidos… de los que no nos gustan algunas o muchas cosas: expresiones, ideología, actitudes…, y aun así los queremos, los valoramos y disfrutamos con ellos.

Esta semana nos centraremos en trabajar una herramienta muy útil para superar el miedo al qué dirán.

La asertividad

Habilidades como la asertividad —la capacidad de hacer o recibir críticas de forma adecuada— son fundamentales para reducir y eliminar el miedo al qué dirán. Cuando sentimos que estamos en posesión de recursos personales para aceptar o manejar una opinión o un comentario negativo, ganamos en seguridad, reforzamos la autoconfianza y nos hacemos más fuertes frente a los factores externos a nosotras y a nosotros.

Se trata de expresar tus puntos de vista con firmeza pero desde el respeto y sin hostilidad. A este fin te propongo un método que te permitirá estructurar tu opinión basándote en cuatro simples pasos:

✧ Dilo: la clave al dar tu opinión es resumir en una frase lo que opinas y lanzarla al inicio de tu intervención.

✧ Explícalo: este es el momento de desarrollar tu frase anterior y explicar por qué opinas lo que opinas, y cuáles son los matices de tu afirmación.

✧ Demuéstralo: puedes buscar estadísticas o datos, ejemplos que ayuden a reforzar tus argumentos, o historias reales de cómo lo que estás diciendo funciona o es verídico.

✧ Resúmelo: haz una síntesis de la idea principal.

Te propongo un ejercicio para esta semana:

Busca algo que estés dejando de hacer por culpa de este miedo infundado... ¡y hazlo de una vez!

Piensa en un tema sobre el que te interese dar (o tener) una opinión. Pongamos, por ejemplo, que en tu grupo de amigos siempre hacen bromas que a ti te resultan desagradables, y preferirías que dejaran de hacerlas, ya que te hacen sentir incómoda. Pero hasta ahora no has dicho nada precisamente por no caer mal.

Ahora coge papel y bolígrafo y hazte un pequeño esquema:

Dilo

Explícalo

Demuéstralo

Resúmelo

Una vez que lo hayas completado, simplemente puedes ensayarlo en voz alta unas cuantas veces para practicar el hábito de dar tu opinión basándote en un esquema.

Ponle fecha, piensa cuándo es el mejor momento para poder decir lo que has estado preparando y ensayando. ¿Será esta semana mismo? ¿O necesito unas semanas para ganar más confianza? Tómate el tiempo que creas conveniente, pero ponlo en tu agenda ya.

24
TU HISTORIA PERSONAL

¿Cómo has llegado hasta aquí? ¿Cómo has llegado a ser quien eres? ¿Cómo has construido la vida que tienes?

Analizar nuestra historia de vida en sus diferentes etapas es fundamental para conocernos. Descubrir qué patrones estoy repitiendo, analizar si las decisiones que he tomado han sido mías o de mi entorno. Ver qué sucesos han podido marcarme o hacer que me pierda. Los recuerdos bonitos o tristes pueden condicionar nuestras decisiones, y muchas veces de nuestro pasado nos llevamos creencias que damos por válidas y ciertas, sin cuestionarlas.

Vamos a hacer un repaso de aquellos momentos que han sido cruciales para ti. Puede que aún no sepas cuáles son, pero lo vas a descubrir con este ejercicio.

Revisa varias fotografías tuyas de distintas etapas de tu vida y, a partir de estas, construye tu autobiografía.

Elige entre 5 y 10 fotografías tuyas y disponlas en orden cronológico sobre una mesa. Míralas detenidamente y contesta a estas preguntas:

✧ ¿En cuál de estas etapas de tu vida te sentiste mejor? ¿Por qué?

....

....

....

✧ ¿En cuál te sentiste peor? ¿Por qué?

....

....

....

✧ ¿Qué te habría gustado que hubiera sido distinto?

....

....

....

✧ ¿Cómo estás ahora?

....

....

....

✧ ¿Qué te gustaría cambiar?

....

....

....

✧ ¿Qué hechos importantes han ocurrido en tu vida que hayan marcado un antes y un después?

Reflexiona sobre hechos acontecidos en distintas etapas de tu vida que, por su importancia, hayan supuesto un antes y un después, experiencias que hayan provocado cambios significativos o trascendentes en tu vida.

....

....

....

Utiliza este espacio para anotar otras reflexiones relacionadas con la historia de tu vida.

....

....

....

....

....

....

....

Registra cómo te sientes

CO	TA	CA	TI	AN	EN	OT
contenta	tranquila	cansada	triste	ansiosa	enfadada	otra

1	2	3	4	5	6	7
8	9	10	11	12	13	14
15	16	17	18	19	20	21
22	23	24	25	26	27	28
29	30	31				

25
IDENTIFICA TUS NECESIDADES

¿Eres de esas personas que suelen ofrecer a los demás mucho más de lo que en realidad pueden dar? En ocasiones tiramos demasiado de nosotras mismas, arrancándonos casi sin darnos cuenta parte de nuestro ser, parte de nuestra integridad.

Piensa, por ejemplo, en esas relaciones de pareja en las que uno de los miembros renuncia a muchas de sus aspiraciones en beneficio del otro, que antepone incluso sus necesidades pensando que así construye mejor esa felicidad afectiva. Pero poco a poco, sin apenas darnos cuenta, llegará la frustración y, posiblemente, la caída.

Esto es lo que le sucedía a Cristina. Trabajaba de matrona en un hospital, un trabajo que le apasionaba, pero al que renunció porque a su marido le ofrecieron un puesto de trabajo mucho mejor y más estable que les permitiría vivir muy bien. La nueva situación implicaba mudarse de ciudad, y ella tendría que renunciar a su empleo, porque en el lugar al que iban a mudarse no había un puesto vacante para su profesión, y pensaron que sería bueno que ella se dedicara más a la crianza y educación de sus hijos y a pasar más tiempo con ellos.

Cuando contactó conmigo ya habían transcurrido unos años desde que se mudaron, y ella se planteaba iniciar un negocio por su cuenta, ya que, en su pueblo, que era mucho más pequeño, no había opción de trabajar de matrona por cuenta ajena. Si fuera su propia jefa podría trabajar desde casa sin que se resintiera la actividad de su marido, y ella seguiría pasando tiempo de calidad con sus hijos.

Cristina buscaba soluciones que no afectaran al trabajo de su esposo, construía su vida en función de él. El problema era que quería volver a la ciudad, allí se sentía sola y poco apoyada por su marido, que tenía que dedicar muchas horas al «nuevo» trabajo para mantener su estatus en la empresa.

Durante el proceso de coaching se dio cuenta de que ya había hecho muchos sacrificios por su marido y por su familia, y se sentía tremendamente mal por no escuchar lo que su voz interior le decía. Tenía claro que estaba poniéndole parches a una vida que no le gustaba. Le planteó a su marido la idea de volver a la ciudad, de empezar de cero, y así ella podría trabajar en lo que realmente le apasionaba. Los niños ya habían crecido, no necesitaban tantos cuidados, y la familia podía vivir con menos dinero.

Esta historia no acaba de la forma más bonita. Como su marido no quiso volver a la ciudad, ella decidió divorciarse y empezar a construir su vida en función de lo que realmente quería.

Puede que te sorprenda, pero no siempre es fácil identificar cuáles son nuestras auténticas necesidades en cada momento de nuestras vidas. A veces no queremos verlas, incluso activamos mecanismos de defensa inconscientes para no reconocerlas.

Admitir que quizá sería mejor dejar ese trabajo o a esa persona, atrevernos a dar el paso que fortalecerá nuestro carácter y nos permitirá ser más felices… nunca es fácil.

Para aprender a identificar cuál es tu necesidad más importante puedes seguir estos 3 pasos:

◇ Siéntela. Yo sé que me ocurre algo, que tengo un vacío y que no soy verdaderamente feliz. Tomo consciencia de ello porque lo siento en mi corazón, porque afecta a mi equilibrio emocional.

◇ Ponle nombre a esa necesidad. ¿Estoy insatisfecha? ¿Necesito un cambio? ¿He de decirle la verdad de lo que siento a esta persona? Intenta definir con palabras concretas cuáles son tus necesidades. ¿Es esto lo que realmente quiero/necesito?

◇ Actúa. Esta es la parte más compleja, donde debes ser más valiente y pensar en ti, únicamente en tu persona y en tu obligación de satisfacer tus necesidades. Actuar así no es ser egoísta, es ser íntegro y consciente de lo que tu ser interno demanda y necesita.

26
DESCUBRE TUS CREENCIAS LIMITANTES

Las creencias limitantes son ideas o pensamientos negativos que damos por ciertos, sin que necesariamente lo sean, y que condicionan nuestra vida. «Todo me sale mal», o «no se me da bien el inglés» son ejemplos de creencias limitantes.

Estas creencias pueden tener su origen en una mala experiencia previa que arrastramos desde hace años, o incluso desde la infancia, cuando alguien nos dijo que no se nos daban bien los idiomas. Esas palabras puntuales las convertimos en creencias y acaban convirtiéndose en pensamientos limitantes. Es importante hacer hincapié en que muchas creencias limitantes se gestan durante la infancia, de ahí que sea tan importante generar en los más pequeños ideas potenciadoras, es decir, ideas en positivo que nos impulsan a avanzar y a superar dificultades.

Nuestro cerebro nos puede jugar malas pasadas, y una creencia limitante puede inducirnos a adoptar un comportamiento no deseado. Si creo que se me da mal el inglés, posiblemente no me sienta motivado a aprenderlo, ni me esfuerce lo suficiente, con lo que el resultado final será el que mi cerebro había previsto. De alguna manera provocamos el resultado negativo fruto de esa creencia.

Aquí te dejo un ejercicio para tomar consciencia de las creencias limitantes que tal vez estás cargando.

Ser/estar	*Siempre tengo que estar alegre para que me quieran.*
Hacer	*Debería hacer mi trabajo a la perfección para no ser una fracasada.*
Tener	*Debo tener la casa limpia o pensarán que soy una vaga.*
Capacidad	*No soy una persona inteligente.*
Merecimiento	*No me merezco que me quiera tanto.*
Posibilidad	*Hoy en día, conseguir un buen puesto de trabajo es complicadísimo.*

Una vez detectadas, todas las técnicas para eliminar creencias limitantes se basan en desafiarlas continuamente y con perseverancia.

Ser plenamente consciente de que se arrastra una creencia limitante, y saber con certeza de cuál se trata, constituye una parte fundamental de la tarea. Una vez que se ha logrado, los siguientes pasos pueden ayudarte a erradicarla:

◇ Tomar consciencia de los problemas que nos está acarreando. Para saber si estamos lidiando con una creencia limitante es necesario entender sus consecuencias.

✦ ¿Qué te estás perdiendo?

....

....

✦ ¿Qué ganas con pensar eso?

....

....

◇ Valorar si nos está aportando algo positivo:
¿Qué tiene de bueno esa creencia para que nuestro pensamiento se empeñe en mantenerla?

....

....

Seguro que en algún lugar y en algún momento ese pensamiento nos aportó algún beneficio. Es importante que sepas qué intención positiva tiene tu creencia limitante antes de cambiarla.

◇ Elegir un nuevo pensamiento o creencia potenciadora. Ha de tener la misma intención positiva que la creencia limitante anterior. Si la anterior creencia quería proteger, es necesario que la nueva creencia potenciadora mantenga esa intención protectora.

Las creencias potenciadoras son las que ayudan a avanzar hacia el objetivo que nos hemos marcado. Son creencias que impulsan a crecer, a potenciar lo mejor de una misma y a cumplir las metas propuestas.

Estos son algunos ejemplos de creencias potenciadoras:

❖ Si pongo todo mi empeño en ello, podré aprender inglés en poco tiempo.

❖ He tenido una vida plena, he logrado grandes cosas y puedo llegar adonde me proponga.

❖ El proceso de selección es duro, pero estoy preparada para conseguirlo.

❖ Hay muchos candidatos, pero yo estoy igual de preparada que ellos, o más.

❖ Aunque no he dado con la pareja perfecta, seguro que algún día encontraré a alguien con quien seré feliz.

Ahora te toca a ti.

Mis creencias potenciadoras:

. . . .

. . . .

. . . .

. . . .

. . . .

Dentro de este ejercicio de las creencias también trabajaremos los SIEMPRE Y los NUNCA.

Los «nunca» y los «siempre» te limitan la vida y te encierran en una jaula de autoprohibiciones absurdas que te impiden avanzar, evolucionar y experimentar cosas nuevas que tal vez te gusten o tal vez no, pero que debes probar, porque estas cosas son las que escriben tu historia. Desde el momento en que eres consciente de tus creencias, estás más cerca de poder hacer algo para modificarlas.

Yo siempre	Yo nunca

Por eso tienes que decir adiós a los «nunca», a los «siempre», o a cualquier otra palabra que te encajone. Sé libre para vivir tu vida como te dé la gana, equivócate, da pasos hacia delante o hacia los lados, pero muévete.

Y en un ejercicio de toma de consciencia como este no podían faltar LAS ETIQUETAS.

Las etiquetas limitantes van en contra de la evolución personal y refuerzan la creencia absurda de que nadie cambia. Líbrate de las etiquetas, porque no sé si sabes que acaban convirtiéndose en profecías autocumplidas que te inducen a creer que tú eres aquello que llevan toda la vida diciéndote que eres, aunque no lo seas.

Identifica tus etiquetas

Identifica tus etiquetas y valora si son coherentes con tu manera de ser. Si no sirven, deséchalas. ¿Acaso actúas siempre con torpeza o lo haces todo mal? ¡Pues entonces, a trabajar!

Etiqueta	Quién me la puso	Cámbiala
Eres muy torpe	Mi madre siempre me lo ha dicho en tono de broma	Lo hago lo mejor que sé, aunque no salga perfecto

TERCERA PARTE

TIENES UN SUPERPODER: PROGRAMA TU MENTE EN POSITIVO

Tu discurso puede convertirse hoy en tu mayor enemigo. Aprende a controlar las palabras y acciones hablándote en positivo, y así aumentarás tu poder. Todos tenemos un «Pepito Grillo» que nos dice «tú puedes» o «no puedes», «es imposible» o «inténtalo, verás como lo logramos». Así pues, identifiquemos estas palabras, usémoslas a nuestro favor y así mejoraremos nuestro bienestar y nuestra vida.

Está claro que un cerebro en positivo funciona mucho mejor que un cerebro estresado o enfocado en lo negativo. El cerebro positivo es mucho más productivo que si está en modo neutro o bajo presión. Por tanto, nos interesa mejorar ese lenguaje interno para mejorar nuestros días. Y como ya he comentado antes, el cerebro puede adiestrarse.

Lo primero es tomar consciencia de nuestras palabras; lo segundo, entrenar la mente para que se enfoque en lo positivo, en lo que sí tenemos en vez de en aquello de lo que carecemos.

También nos detendremos en un aspecto fundamental que ejerce una gran influencia en nuestra mente: la gestión emocional. Saber identificar nuestras emociones y qué nos quieren decir resulta primordial para mantener nuestra mente enfocada en lo positivo. Las emociones desagradables, como el enfado, la tristeza o el miedo, pueden hacer que nuestra mente se bloquee y nos impida avanzar. Saber cómo debemos actuar para hacer frente a esas emociones negativas puede ser la clave de nuestro bienestar interior.

27
DA LAS GRACIAS

¿Sabías que la gratitud transforma literalmente tu cerebro? La gratitud es muy poderosa, porque crea un estado mental altamente positivo, y además disipa el miedo y la angustia. Así lo afirma la neurociencia, que ha demostrado que cuando nuestros pensamientos generan sentimientos de gratitud, activamos el sistema de recompensa del cerebro. Así, la gratitud estimula la liberación de neurotransmisores como la oxitocina y la dopamina, que estimulan las emociones positivas.

Si estamos generando constantemente negatividad y problemas, las redes neuronales de pensamiento negativo se vuelven más fuertes. Practicar la gratitud puede mover el foco de nuestra atención hacia vivencias y situaciones agradables que de otro modo pasaríamos por alto.

La gratitud no es solo una emoción, también es una actitud que puede transformar nuestro día a día. Aporta múltiples beneficios: mejora las relaciones personales, refuerza el sistema inmunológico, infunde mayor optimismo, mejora el sueño y el descanso, atenúa el sentimiento de soledad, mejora nuestra autoestima y nos ayuda a enfrentarnos mejor a los cambios.

Además, es un hábito muy fácil de incorporar a nuestro día a día, solo tienes que dedicarle cinco minutos diarios antes de acostarte.

Este es el caso de Sara, con quien iniciamos un proceso de coaching. Vino a mí porque estaba agotada. Trabajaba en un banco y últimamente le exigían mucho, pues la habían ascendido. Tenía un nivel de estrés muy elevado, y ella notaba que le costaba gestionar sus emociones. Llegaba a casa y no desconectaba, le costaba dormir y estaba de mal humor. Sentía que se precipitaba por una montaña rusa emocional, y que en cualquier momento podía estallar delante de un cliente. Y lo que más la inquietaba era llegar a quemarse en su trabajo (*burnout* laboral), ya que se notaba cada día más desmotivada.

Su profesión le gustaba mucho, había logrado alcanzar su objetivo, que era ser directora de oficina, y estaba muy contenta atendiendo a los clientes. Realmente le encantaba su trabajo, y ahora que tenía todo lo que deseaba, no lo estaba disfrutando.

La primera pauta que marcamos fue escribir cada día un diario de gratitud, y así su mente se enfocaría en lo bueno que tenían sus días, y no solamente en todo el estrés, las exigencias y los malos ratos que pasaba de un tiempo a esta parte. Solo en una semana Sara me dijo que se notaba mucho más tranquila, más motivada. Me decía que le parecía increíble que algo tan simple pudiera serle de tanta ayuda, tenía la sensación de haber avanzado mucho en una semana.

El diario de gratitud, entre otras herramientas como la gestión emocional, que veremos más adelante, ya forma parte de su rutina, y dice que no lo va a dejar nunca. Ahora disfruta volcando plenamente su atención en el trabajo, enfocándose de forma automática en todas las cosas agradables y positivas que le aporta su rutina laboral.

Tú también puedes practicar la gratitud. Aquí te dejo unas pautas de cómo hacerlo.

Registra esto cada día, durante un mínimo de veintiún días seguidos. Seguro que necesitarás disciplina para adoptar este hábito, tal como ya comentamos en la primera parte.

◇ Anota tres cosas que agradeces que te hayan pasado:

....

....

....

◇ Agradece a tres personas algo que te haya beneficiado:

....

....

....

Completaremos el diario de gratitud con otro ejercicio que consiste en dar un paseo manteniendo la atención plena.

Sal a dar un paseo de forma consciente y observa todas las cosas bonitas que tienes a tu alrededor y que son dignas de agradecer. Por ejemplo, el calor del sol en tu cara, el olor de la lluvia que ha mojado la tierra, el color o la brisa del mar, el sonido de los pájaros.

28
VALORA TUS LOGROS CADA DÍA

Valorar lo que ya hemos conseguido es básico para alcanzar nuestras metas. Reconocer nuestros logros nos ayuda a mejorar la autoestima y construye una base sólida para seguir planteándonos nuevos objetivos.

Cuando propongo este ejercicio en mis sesiones de coaching, veo que la mente se va en busca de grandes hazañas. Y no es necesario. Los logros son todo aquello que para mí ha supuesto un reto, que ha exigido un esfuerzo por mi parte. Y seguramente en su momento sentí miedo, inseguridad, e incluso dudé de si lo conseguiría.

Te voy a poner varios ejemplos: acabar los estudios obligatorios, conseguir el trabajo que quería, iniciar mi aventura como emprendedora, sacarme el carnet de conducir, mantenerme en mi peso ideal, seguir una rutina deportiva, hacer el viaje para el que estuve ahorrando tanto tiempo o dejar de fumar.

En estos casos es fácil que el síndrome del impostor haga acto de presencia poniéndonos grandes impedimentos para reconocer nuestros propios logros. Por eso tendemos a pensar que somos un fracaso, que no hemos sido capaces de hacer nada relevante, que lo que hemos conseguido ha sido gracias a la suerte, o que no nos merecemos los éxitos obtenidos.

Tendemos a autoflagelarnos por no haber conseguido esto o aquello, y no cesamos de recordarnos lo malas que somos para tal o para cual cosa. Podemos ser muy duras con nosotras mismas, diciéndonos que así nos va en la vida.

También podemos caer en la trampa de reconocer nuestros logros, pero sin darles la importancia que tienen, comparándonos con otras personas que han conseguido cosas que yo también quiero, y esta actitud genera rechazo a todo lo bueno que tengo.

Deja que te diga que nadie puede valorar mejor que tú misma los logros que has conseguido, porque solo tú sabes realmente el esfuerzo que te han supuesto, los tropiezos que has sufrido y las batallas que has librado.

Aquí te dejo los tres pasos fundamentales para aprender a valorar tus logros personales y a celebrarlos:

◇ Identifica: nuestro primer objetivo consiste en tener claro qué logros queremos celebrar y valorar. A veces puede parecernos que si algo no nos ha costado mucho de conseguir no es importante, o tememos que nos tomen por pretenciosos porque atribuimos un valor especial a ciertas cosas. Cuando dudes acerca de si algo que has hecho es realmente digno de ser considerado un logro, hazte esta pregunta: ¿si fuera obra de mi amiga o de mi hermana, lo consideraría un logro y lo celebraría? Y aplícate esta regla a ti también.

◇ Anota y comparte: el hecho de ver reflejados nuestros logros nos ayudará a plantearnos qué capacidades tenemos, qué ha contribuido a alcanzarlos. Además, ejerce un efecto motivador. Vamos a hacer esta parte mucho más visual con el ÁRBOL DE LOS LOGROS.

Haz un dibujo grande, que ocupe toda una hoja. Escoge una cartulina —puede ser de color, si lo prefieres— y dibuja un árbol a tu gusto, pero ten en cuenta que este árbol te representa a ti, así que ponte bonita. Debes dibujar raíces, ramas y frutos de diferentes tamaños. En los frutos apuntaremos todos nuestros logros en función del tamaño: en los frutos grandes, los logros más importantes, y en los frutos pequeños los menos trascendentes.

En las raíces sitúa las cualidades, habilidades y valores que te han permitido alcanzar estos logros. Así podrás identificar todas tus capacidades, reconocerlas y valorarlas.

¿Te ha costado encontrar tus logros? A veces nos puede resultar difícil, así que no vamos a dejar el ejercicio aquí. Ahora vas a pedirles a tres personas que te conozcan bien que te digan al menos tres logros que crean que se te pueden atribuir, y a continuación, completarás tu árbol con lo que te digan. Esta acción nos ayudará a ser conscientes de algunos logros que nosotras mimas no somos capaces de ver.

◇ Celebra: festeja tus logros, este es el momento de reflexionar, de contemplar este árbol que eres tú, es tu reflejo. Puede que te sorprendas al ver todas las cualidades y logros que atesoras, y observar todas las conquistas conseguidas. Te animo a que dejes este árbol en un lugar visible, en tu despacho, escritorio, armario… Cada vez que lo mires te sentirás empoderada, porque te recordará todo lo que eres capaz de conseguir. Puedes seguir completando este árbol a medida que vayas alcanzando nuevos logros.

Registra cómo te sientes

CO	TA	CA	TI	AN	EN	OT
contenta	tranquila	cansada	triste	ansiosa	enfadada	otra

1	2	3	4	5	6	7
8	9	10	11	12	13	14
15	16	17	18	19	20	21
22	23	24	25	26	27	28
29	30	31				

29
ENTIENDE TUS EMOCIONES

Las emociones son reacciones que se producen en nuestro cuerpo y en nuestro cerebro como una forma de adaptarse a la situación que estamos viviendo. Son reacciones inevitables ya que son la forma natural que tiene nuestro cerebro de mantener el equilibrio.

Podemos definirlas como una serie de descargas que nuestro cerebro envía para que descifremos y entendamos lo que está pasando. Una correcta interpretación de esta señal vendría a ser lo que llamamos inteligencia emocional.

La reacción ante un determinado estímulo será distinta en cada persona, ya que estará condicionada por vivencias anteriores, experiencias o creencias derivadas de nuestra educación o entorno. Por ejemplo, todos hemos visto a personas que ante una situación de crisis actúan como si fueran de hielo, y son capaces de reaccionar y solucionar el problema. En cambio, otras personas se bloquean y tienden a huir.

Por desgracia no venimos con un manual de instrucciones para entender nuestras emociones ante cada situación. Debemos aprender a gestionarlas desde la infancia.

Las decisiones que tomamos en nuestra vida están condicionadas por las emociones que sentimos, así que, si soy capaz de entender y gestionar mis emociones, sin duda tomaré mejores decisiones.

A continuación, enumeraré una serie de conceptos básicos que nos permitirán familiarizarnos más fácilmente con las emociones. Podríamos decir que las emociones se dividen en básicas y secundarias. No hay emociones buenas o malas, simplemente unas son agradables y otras resultan incómodas, pero no hay que olvidar que cada emoción tiene su cometido.

Para aprender a gestionar nuestras emociones necesitamos tiempo, escucharnos, analizar y desgranar lo que está sucediendo. Tener consciencia emocional requiere práctica y paciencia.

Unas preguntas antes de ponernos a trabajar:

◇ ¿Estás satisfecha con cómo gestionas tus emociones?

....

....

◇ ¿Eres capaz de identificar lo que sientes? Explica tu respuesta.

....

....

✧ ¿Eres consciente de tu mochila emocional?

La rueda de las emociones es una herramienta creada por el psicólogo estadounidense Robert Plutchik y resulta de gran ayuda para poder identificar cuáles son las emociones básicas primordiales para nuestra supervivencia, así como el resto de las emociones más complejas.

Ira	Tristeza	Miedo	Alegría
Rabia	Autocompasión	Angustia	Gozo
Enojo	Soledad	Aprensión	Contento
Resentimiento	Desaliento	Fobia	Deleite
Furia	Melancolía	Temor	Diversión
Exasperación	Depresión	Pánico	Placer
Indignación	Aflicción	Preocupación	Gratificación
Animosidad	Pena	Desasosiego	Satisfacción
Irritabilidad	Desconsuelo	Incertidumbre	Euforia
Hostilidad	Pesimismo	Ansiedad	Éxtasis
Odio	Desesperación	Inquietud	Felicidad
Violencia		Terror	

Uno de los primeros pasos en la gestión emocional consiste en sentir y etiquetar la emoción. En el núcleo partimos de seis emociones base: Miedo, Ira, Tristeza, Sorpresa, Alegría y Amor. Una vez que identifiquemos nuestra emoción básica, podremos «afinar» nuestra emoción en un segundo nivel de 36, o en un tercero de 72.

Empezaremos dedicando cinco minutos al finalizar la jornada para recordar y anotar algunas situaciones que hayamos vivido ese día e identificar cuáles han sido nuestras emociones y pensamientos. También es importante mesurar su intensidad, que cuantificaremos del 1 al 10.

Situación ¿qué ha ocurrido?	Interpretación ¿qué he pensado?	Emociones ¿cómo me he sentido? del 1 al 10

Ahora que ya llevas una semana con este registro emocional, te animo a que hagas un ejercicio de introspección y respondas a las siguientes preguntas:

◇ ¿Qué trata de enseñarme esta emoción? ¿Cuál podría ser el mensaje oculto?

....

....

◇ ¿Cómo estoy gestionando ahora mismo esta emoción?

....

....

◇ ¿Estoy repitiendo algún patrón?

....

....

30
APRENDE A GESTIONAR
LAS EMOCIONES DESAGRADABLES

¿Alguna vez te has sentido arrastrada irremediablemente por una emoción muy poderosa que te ha hecho perder el control?, ¿alguna vez te has dejado llevar y has dicho cosas de las que luego te has arrepentido?, ¿alguna vez has sentido que era una emoción la que regía tu cerebro? Si has respondido afirmativamente a alguna de estas preguntas significa que en algún momento te ha secuestrado tu amígdala.

El secuestro de la amígdala es un término acuñado por Daniel Goleman para explicar la falta de control frente a determinadas emociones debido a que la amígdala se hace con el mando de nuestro cerebro.

No estamos hablando de ningún trastorno psicológico, sino de un episodio de alta emocionalidad que llega a anular la capacidad para pensar con claridad de la persona, y la impulsa a actuar totalmente cegada por sus emociones, secuestrada por su estado de alta activación emocional.

Puede producirse, entre otras causas, como consecuencia de un estado de miedo intenso, que nos paraliza o nos empuja a huir de la situación, de un ataque de celos que deriva en una agresión, de una explosión de ira destructiva, etc.

En la actualidad los altos niveles de estrés, de cargas laborales o de inseguridad a que estamos sometidas desencadenan este tipo de reacciones, a consecuencia de las cuales se libera adrenalina y cortisol, que alteran nuestro cuerpo durante aproximadamente unas cuatro horas de secuestro emocional.

Hay una serie de pasos que el mismo Daniel Goleman nos propone para prevenir y evitar el secuestro de la amígdala.

Paso 1. Responde estas preguntas:

✧ ¿Cuál suele ser el detonante cuando experimento un secuestro emocional?

....
....

✧ ¿Qué es lo que más temo, me cabrea o me pone nervioso...?

....
....

✧ ¿En qué momento exacto me suelo disparar?

....
....

✧ ¿En qué contextos y cuándo me suele ocurrir?

✧ ¿Cómo me siento justo antes de llegar al estado en el que ya me ciegan las emociones?

✧ ¿En mi caso, cuáles son los síntomas físicos más frecuentes que preceden a uno de estos episodios?

Teniendo un buen autoconocimiento emocional podemos saber qué provoca el secuestro emocional, prevenirlo y serenar nuestras emociones antes de que nos cieguen.

Paso 2: Hazle un cortocircuito al secuestro. Cuenta hasta diez, espera unos minutos para calmarte, aprende a pensar antes de actuar, y entrena tu paciencia para poder contenerte en esos momentos. Cualquier estrategia o técnica que nos permita detenernos por un momento puede ayudarnos a serenar la mente.

Con esta finalidad te propongo la técnica del semáforo, un ejercicio que también utilizo mucho para controlar sobre todo la rabia y los impulsos de ira.

Imagínate un semáforo como el que tienes aquí dibujado, o si no puedes dibuja el tuyo en una hoja pequeña que puedes llevar contigo en la agenda, en el ordenador, en el bolsillo… la idea es tener a mano este recurso en los momentos detonantes.

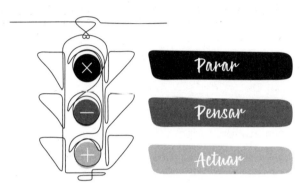

El color rojo te indica que has de parar. Y que no hagas o digas lo que estás a punto de hacer o decir. Esta luz te recuerda que es momento de respirar profundamente y de mantener la calma.

El ámbar te invita a evaluar la situación desde una perspectiva más calmada, valorando la mejor opción y las posibles consecuencias.

El verde se activa cuando notas que la sangre vuelve a regar tu cabeza, y sabes que lo que vas a hacer o a decir no será fruto de un impulso. Solo debes actuar cuando sientas que estás en verde.

A continuación, vamos a examinar más emociones desagradables y veremos el modo de gestionarlas.

31
CÓMO SURFEAR LA TRISTEZA

La tristeza es una reacción que surge como respuesta a una pérdida o a una situación adversa. Puede tener diferentes desencadenantes como la pérdida de una persona, de un trabajo, de un objeto valioso o por haber vivido una experiencia dolorosa.

Podemos sentir desánimo, abatimiento, falta de apetito, problemas para dormir o para concentrarnos...

En estos casos lo mejor es plantearse una serie de preguntas, y en función de la respuesta aplicar la técnica que más nos convenga para surfear la tristeza.

◇ ¿Cuándo comencé a sentirme triste? ¿Cómo noté que estaba experimentando esta emoción?

✧ ¿Qué siento que he perdido?

....

....

✧ ¿Cómo lo he perdido?

....

....

✧ ¿Por qué lo he perdido? ¿Depende de mí?

....

....

✧ ¿En que aspectos me afecta?: familia, trabajo, salud...

....

....

✧ ¿Puedo recuperar lo que he perdido? ¿Cómo? Y en caso contrario, ¿cómo me siento ante esta pérdida?

....

....

Si tu pérdida es irreparable haz el siguiente ejercicio (si no, pasa al ejercicio 2).

EJERCICIO 1: cuando te sientas preparada y con fuerzas, escribe una carta de despedida. Explica en ella cómo te sientes, despídete de tu pérdida. Escribe todo lo que necesites decir sobre este tema, expresa tus emociones, rabia, frustración, impotencia... todo. A continuación, escribe algunas frases a modo de recordatorio, como, por ejemplo, que aunque te cueste un tiempo recuperarte, volverás a estar bien; que vas a hacer todo lo posible por salir adelante, y que eres lo bastante fuerte como para superarlo.

EJERCICIO 2: si puedes reparar tu pérdida, entonces escribe una carta de intenciones. Elabora un plan, describe una serie de acciones que dependan de ti y estén en tu mano para recuperar lo que has perdido. Por ejemplo, si has perdido tu trabajo, vas a dedicar tiempo a cuidarte, a formarte, a redactar un buen currículum, a reciclarte en tu ámbito profesional, etc. Adapta tu plan a lo que realmente sepas que vas a ser capaz de hacer.

32
USA EL MIEDO COMO IMPULSO

El miedo es una reacción en respuesta a un peligro inminente. El miedo nos envía una información muy valiosa, que puede inducirnos a responder de tres formas: huir, atacar o quedarnos paralizados. El miedo es una de las emociones más intensas, pues está estrechamente relacionada con el instinto de supervivencia.

A menudo el miedo no aparece en su forma primaria, sino que se combina con otros factores como la ansiedad y la inseguridad. Tras ese primer chispazo de miedo, nuestras experiencias pasadas, nuestras creencias y nuestra percepción nos empujarán a tomar una decisión u otra para dar una respuesta emocional.

A continuación, responde a las siguientes preguntas:

    ✧ ¿Qué situaciones me producen miedo?

      ....

      ....

✧ ¿Qué dice este miedo de mí? ¿Es coherente?

. . . .

. . . .

✧ ¿Por qué siento que ese miedo que me supera y que no soy capaz de afrontarlo?

. . . .

. . . .

✧ ¿Qué puedo hacer para afrontarlo en lugar de quedarme paralizada?

. . . .

. . . .

Aunque no podemos (ni debemos) eliminar el miedo de nuestra vida, sí podemos aprender a convivir con él, a manejarlo y a evitar que bloquee nuestra vida o nos paralice.

EJERCICIO: intenta crear una imagen mental de la forma y el color que podría tener tu miedo. Visualiza con los ojos cerrados aquello a lo que temes como un triángulo, un cuadrado, de color rojo, verde… Visualiza qué tamaño tiene, cómo es su textura. Imagina todos los detalles que puedas. Ahora, si quieres, puedes dibujarlo en un papel. Esto nos ayuda a ver el miedo desde otra perspectiva, y también a observarlo a un tamaño más reducido. Ahora que lo ves con otra mirada, intenta entender qué te dice este miedo, y si realmente puedes superarlo.

En cambio, si el miedo obedece a un sentimiento de inseguridad, el modo de afrontarlo es adoptando la actitud opuesta: con seguridad. Si fortalecemos la confianza en nosotras mismas seremos capaces de gestionar con mayor eficiencia todas esas situaciones que nos provocan incertidumbre. Para reforzar tu autoconfianza, te animo a que revises el ejercicio 16 TUS FORTALEZAS.

Registra cómo te sientes

CO	TA	CA	TI	AN	EN	OT
contenta	tranquila	cansada	triste	ansiosa	enfadada	otra

1	2	3	4	5	6	7
8	9	10	11	12	13	14
15	16	17	18	19	20	21
22	23	24	25	26	27	28
29	30	31				

33
ELIMINA LAS PREOCUPACIONES

Los seres humanos tenemos la increíble capacidad de simular eventuales sucesos futuros. Mediante esta habilidad lo que hacemos es anticiparnos a probables problemas que no sabemos si sucederán y plantear posibles soluciones.

En términos generales podríamos definir la preocupación como una emoción que surge cuando albergamos dudas sobre el futuro. Puede que estés preocupada por la salud de tu familia, por pagar tus deudas, por prodigar atenciones o cuidados a alguien, por tu seguridad, o bien por otras necesidades importantes.

La preocupación puede hacer que nos cueste concentrarnos, que durmamos mal, puede provocar cambios en los hábitos alimenticios, y suele manifestarse en forma de ansiedad, nerviosismo, inquietud o miedo.

Por eso es importante analizar qué pensamientos están causando la preocupación, y para ello te propongo estos dos ejercicios.

EJERCICIO 1

Lo que puede suceder y lo que sucederá

Muchas de las preocupaciones o los «y si» mentales que nos planteamos anticipándonos al futuro no van a suceder nunca, y eso lo sabes. Nos hemos preocupado millones de veces por cosas que luego no han sucedido. Y cuando pasa, te dices por dentro: «Tanto que he sufrido pensando en si sucedería tal o cual cosa… para nada».

Vamos a desgranar un poco cómo tu mente responde o completa los siguientes puntos:

✦ ¿Qué pensamiento te causa preocupación en este momento?

....

....

✦ ¿Recibes señales de que tu preocupación no se hará realidad? ¿Cuáles son?

....

....

✦ Si aquello que te preocupa no se hace realidad, ¿qué crees que sucederá entonces en su lugar?

....

....

✧ Si aquello que te preocupa se hace realidad, ¿qué podrías hacer para afrontarlo?, ¿cuentas con alguien que te apoye?, ¿consideras que podrías recuperarte más adelante de esa situación?

....

....

✧ Después de responder estas preguntas, ¿cómo te sientes con respecto a tu preocupación?

....

....

EJERCICIO 2

Lo que depende de mí

◆ Escribe un mínimo de diez cosas que pueden preocuparte en una semana típica:

1. ....
2. ....
3. ....
4. ....
5. ....
6. ....
7. ....
8. ....
9. ....
10. ....

La preocupación surge cuando intentamos controlar sucesos sobre los que no tenemos el menor control o no dependen de nosotros. Para que esto no suceda, debemos aprender a clasificar las preocupaciones.

Puedes separar tus preocupaciones en tres categorías distintas: cosas sobre las que tienes control, cosas sobre las que tienes cierto control, y cosas sobre las que no tienes ningún control.

◇ Cosas sobre las que tienes control. Incluye acciones o comportamientos: cómo haré esto o cómo diré aquello.

◇ Cosas sobre las que tienes cierto control. Una parte depende de ti, pero la otra no. Por ejemplo, una entrevista de trabajo: tu parte es prepararte bien la entrevista, tener buen aspecto y ser puntual. Ahora bien, que te escojan o te rechacen no depende de ti.

◇ Cosas sobre las que no tienes ningún control. Por ejemplo: el tiempo, un atasco de tráfico...

Recupera tu lista de preocupaciones de la semana y clasifica tus preocupaciones escribiendo al lado C (control), CC (cierto control), NC (no control). Esto te ayudará a dejar a un lado lo que no puedes controlar y a enfocar tu energía en lo que sí depende de ti.

A continuación, selecciona las preocupaciones con CC y trabájalas.

¿Qué acciones puedo realizar esta semana para reducir la lista de preocupaciones que dependen de mí?

Preocupación	**Voy a**

¿Y si tuvieras más control sobre tus preocupaciones de lo que crees?

Fíjate en las situaciones sobre las que no tienes control y pregúntate: «Si tuviera algún control sobre ellas, ¿qué haría? ¿Qué pasaría? ¿Qué podría hacer para evitar que sucedieran?».

A menudo te darás cuenta de que sí tienes cierto control sobre estas situaciones. Este control puede consistir en cambiar, redefinir o eliminar estas situaciones de tu vida.

¿Qué puedo redefinir?

¿Qué puedo eliminar?

34
PERDÓNATE Y LIBÉRATE
DE LA CULPA

En muchas ocasiones tendemos a culparnos más de la cuenta. Me he encontrado con muchas clientas que por diferentes motivos han tomado decisiones o han llevado a cabo actos de los que se arrepienten, y que no se han perdonado.

Recuerdo un caso en concreto, en el que ella se culpaba por haber dedicado poco tiempo a sus padres, por haber dejado a su marido y padre de sus hijos hacía años, y con ello haber incidido negativamente en la infancia de sus hijos. Se sentía mala madre, mala hija... Por más que intentaba pasar página, el peso de la culpa no la dejaba avanzar. Su razonamiento era que mientras hizo lo que se esperaba de ella, atendió bien a sus padres, y cuidó de su familia. Pero que en cuanto decidió por ella misma, disgustó a sus padres e hizo daño a sus hijos. Y eso le costaba enormemente perdonárselo.

Todos merecemos ser perdonados y autoperdonarnos. Lo importante de esto, al fin y al cabo, es que entendamos el motivo por el cual actuamos de esa manera en aquel momento, en qué creencias nos basábamos para actuar así. En el caso de mi clienta, cuando tomó sus decisiones, se sentía desbordada por las circunstancias, y ahora, cuando analiza su comportamiento de entonces piensa —como podría pensar cualquiera en su situación— que actuó erróneamente.

Con el paso del tiempo, las variables que nuestra mente analiza para tomar una decisión pueden haber cambiado sustancialmente en función de la madurez, el aprendizaje y las experiencias que hayas vivido.

El antídoto para la culpa es la compasión: si te comprendes, te perdonas. Es importante fomentar un diálogo interno compasivo que acalle la voz de la culpa. A tal fin te propongo un ejercicio en tres fases que te ayudará a trabajar la autocompasión.

PASO 1: selecciona un hecho del pasado, uno en el que tu voz crítica haya aparecido para atacarte.

....

....

Ahora, quiero que contestes unas cuantas preguntas:

◈ ¿Qué sentía yo en aquel momento?

....

....

✧ ¿Qué me empujó a decir o a hacer lo que hice o dije?

....

....

✧ ¿Qué necesidad me impelía a hacerlo en ese momento? ¿Qué estaba intentando cubrir con esa necesidad?

....

....

✧ ¿Qué intentaba satisfacer?

....

....

✧ ¿Qué pensaba?

....

....

✧ Sobre todo, ¿qué era lo que esperaba?

....

....

✧ ¿Cómo estaba interpretando las cosas en ese momento?

....

....

✧ ¿Qué cosas positivas me ha enseñado o me ha aportado esta situación?

....

....

PASO 2: carta de perdón.

Coge papel y bolígrafo y escribe una carta con todo aquello que no te perdonas.

A continuación, escribe otra carta respondiéndote a ti misma, por más absurdo que suene. Ponte en los zapatos de una persona que te quiere mucho. Imagina que es ella quien está escribiendo la carta. ¿Qué te diría esa persona? ¿Cómo te hablaría?
Y aún te quedará por escribir una tercera carta. En esta vas a anotar las razones por las cuales la otra persona —que eres tú misma— debería perdonarte.

La primera y la segunda carta te van a servir para soltarlo todo, para dejarlo ir. En la tercera carta encontrarás las razones para perdonarte.

PASO 3: haz una lista de frases con los lemas «me perdono» y «me acepto».

Intenta crear diez frases de forma automática, sin pensar mucho.

Te voy a poner varios ejemplos por si no se te ocurre ninguna. Espero que te sirvan de inspiración para crear tus propias frases.

«Me perdono por haber hecho X cosa en el pasado
y me comprometo a no volver a hacer algo similar».

«Me acepto ahora, y me acepto entonces, como
una persona que SIMPLEMENTE intenta sobrevivir,
que intenta aprender y seguir creciendo».

«Me perdono por decir sí, cuando en realidad
quiero decir no».

«Me perdono cuando me siento fracasada».

«No me debo nada por mi error;
se acabó, puedo perdonarme y estoy orgullosa
de crecer y de continuar aprendiendo».

Hablarnos con compasión fortalece nuestro autoconcepto
y ayuda a mejorar la autoestima.

35
GESTIONA LA FRUSTRACIÓN

Podemos definir la frustración como la incapacidad de satisfacer un deseo. Es una mezcla de rabia y tristeza. Es lo que sentimos cuando algo no sale como teníamos previsto.

La frustración es una de las emociones más incómodas que podemos sentir. Y a veces surge de nuestras propias limitaciones, es decir, no obtengo los resultados que esperaba porque mis habilidades no son suficientes.

Igual que sucede con el resto de las emociones, no podemos evitarla sino gestionarla. No se trata de conseguir siempre todo lo que queremos con tal de no sentirla, sino de aceptar lo que tenemos y actuar.

Responde a las siguientes preguntas para descubrir qué te causa frustración:

✧ ¿Qué siento que no estoy consiguiendo?

✧ ¿Por qué no estoy consiguiendo lo que quiero?

✧ Lo que no estoy consiguiendo, ¿es un deseo o una necesidad?

✧ ¿Qué es lo peor que puede pasar si no lo consigo?

✧ ¿Qué me estoy diciendo a mí misma? No soy capaz, no vales para…

Cuando entramos en el bucle mental de la frustración, necesitamos parar, respirar y calmarnos. Para conseguirlo practicaremos una técnica que se llama VISUALIZACIÓN. Vamos a trabajar en nuestros pensamientos, ya que estos pueden influir en nuestro estado de ánimo. Para sentirnos en calma y tranquilas necesitamos enfocarnos en nuestros pensamientos positivos.

Instrucciones:

Siéntate en un lugar tranquilo, sin ruidos de fondo y en el que puedas disponer de cinco minutos para ti. Haz unas respiraciones profundas y siente cómo tu cuerpo se relaja.

Piensa en un lugar que te inspire confort. Puede ser tu habitación, un paisaje natural, un café donde sueles reunirte con tus amigos, la casa de tus abuelos… lo que te venga a la mente. *Lo importante es que sea un espacio donde te sientas acogida, no importa que lo conozcas o que exista solo en tu imaginación. Establece un tiempo, y durante los próximos diez minutos enfócate en percibir este lugar con todos tus sentidos.*

¿Qué puedes oír? ¿Qué puedes ver? ¿Qué temperatura hay? ¿Notas algún aroma agradable?

Intentar describir mentalmente todas estas cosas agradables —colores, olores, sensaciones— nos ayudará a centrar la mente en cosas que nos gustan.

IMPORTANTE: cuando la frustración es muy grande, a veces necesitamos hacer un alto, descansar y desconectar. Date permiso para ello, y si necesitas dejar de trabajar por hoy en tus objetivos pulsa el botón de pausa y mañana sigues.

También conviene recordar que, a veces, la frustración puede sobrevenir porque no alcanzamos nuestros objetivos, pero si los analizamos quizá nos demos cuenta de que resultan inalcanzables. Esto lo trabajaremos más adelante cuando hablemos de los OBJETIVOS SMART.

36
CREA TU PROPIO BOTIQUÍN EMOCIONAL

Cuando nos invaden muchas emociones desagradables a la vez podemos llegar a bloquearnos. Para evitarlo, tenemos a nuestro alcance un recurso muy bueno que nos ayudará a salir de ese momento que nos está superando. Te aconsejo que tengas siempre a mano estos dos ejercicios, ideales para ponerte en marcha.

EJERCICIO 1

Tu red de apoyo

En momentos de bajón es normal pensar que nadie nos entiende, e incluso que nos sintamos solas. En los malos momentos tendemos a pensar de forma catastrofista, y a desalentarnos. Un buen medio de mitigar estas sensaciones es anotar los nombres de las personas con las que sabes que puedes contar en un mal momento. No importa si son personas a las que no ves todos los días o que no sean de tu familia. Describe al lado qué te aporta cada una de ellas.

Nombre	Me aporta

EJERCICIO 2

Cosas que me sientan bien

¡Haz una lista de actividades que sabes que te llenan y te hacen feliz! Por lo menos diez. Deben ser factibles cualquier día y que dependan solo de ti. Por ejemplo: bailar por casa, poner la música a tope, ir a tomar un café a mi local favorito, cocinar pizza casera, aplicarme una mascarilla facial, ordenar mi escritorio o mi ropa, darme un baño con aceites esenciales, leer un libro, ver mi peli preferida, pasear, comprarme unas flores...

1. ....
2. ....
3. ....
4. ....
5. ....
6. ....
7. ....
8. ....
9. ....
10. ....

Ahora escribe estas actividades en papelitos de colores, ponlos dentro de una caja, y cuando tengas un día de bajón, coge uno sin mirar. ¡SORPRESA! Has de hacer ya lo que te haya tocado. Dedícate este tiempo para ti, para cuidarte y desconectar.

Registra cómo te sientes

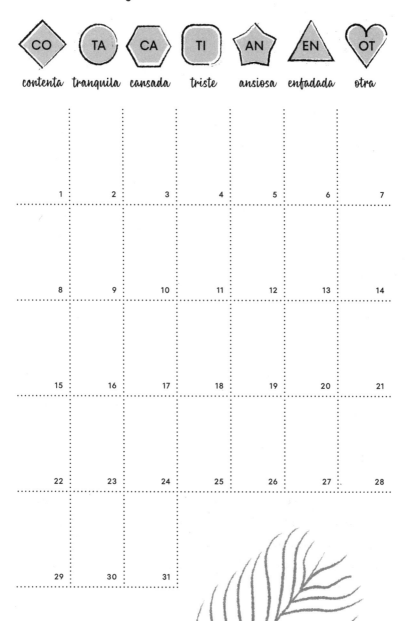

CO contenta TA tranquila CA cansada TI triste AN ansiosa EN enfadada OT otra

1	2	3	4	5	6	7
8	9	10	11	12	13	14
15	16	17	18	19	20	21
22	23	24	25	26	27	28
29	30	31				

37
HÁBLATE COMO LE HABLARÍAS
A TU MEJOR AMIGA

¿Qué te dices constantemente? El diálogo interno puede influir mucho en nuestra forma de ver la vida o de afrontar el día. Cuando mantenemos un diálogo interno negativo, vemos el mundo según este filtro. Por el contrario, cuando tenemos un diálogo interno positivo, nos resulta más fácil ver la vida con optimismo.

Frases típicas como «soy un desastre», «todo es culpa mía», «no me sale nada bien»… y otros mil pensamientos de ese estilo influyen a diario en nuestro bienestar y en nuestra felicidad. El proceso funciona así: pasa algo que nos induce a pensar algo, que a su vez nos induce a sentirnos de una determinada manera y a actuar en respuesta a ese sentimiento.

Así que la clave, lo que lo condiciona todo, no es lo que pasa, sino lo que tú te dices sobre eso que ha pasado. Por eso es tan importante que sepas cómo cambiar tu diálogo interno. Piensa que hay personas que viven con una centrifugadora dando vueltas sin cesar en su cabeza.

Necesitas lograr que este diálogo trabaje a tu favor, pero ¿cómo? A continuación te indicaré una serie de pasos que te permitirán crear nuevas rutas neuronales, es decir, cambiar tu forma de pensar. Cada uno de nosotros, con nuestra forma de pensar, hemos ido creando unas determinadas rutas neuronales. Son como una especie de caminos en los que, de tanto transitarlos, se ha ido formando un surco cada vez más profundo. Por eso cada vez que pienso algo tiendo a tomar los mismos caminos de siempre. Por ejemplo, si me he acostumbrado a pensar de una forma negativa y victimista, volveré a pensar así una y otra vez, porque para mí es lo fácil.

◇ Céntrate en una situación que te provoque sentimientos desagradables. Date cuenta de qué es lo que te dices. Observa tus pensamientos y hazlos palpables. ¿Cómo?

◇ Lee lo que has escrito en voz alta. ¿Cómo te sientes? Imagínate que se lo estás diciendo a alguien a quien quieres.

¿Te gusta hablarle así a esa persona? ¿Crees que decirle eso le va a hacer sentir bien?

◇ Toma distancia, ponlo en perspectiva.

¿De qué otra manera podría contemplar lo que me está sucediendo para sentirme mejor?

....

....

¿Cómo puedo solucionarlo?

....

....

¿De verdad soy tan inútil por no haberme dado cuenta de ese detalle?

....

....

✧ Conecta con tus sentimientos:

¿Qué emociones tengo bloqueadas? ¿O qué emociones me están dominando?

....

....

✧ Busca formas saludables de expresar y canalizar tus emociones y sentimientos: hablar, hacer un alto y relajarte, respirar y aceptar.

✧ Haz algo que cambie el estado de tu emoción. Cuando aparezca uno de esos pensamientos recurrentes utiliza tu cuerpo para cambiar tu estado emocional. Muévete, da saltos, camina, canta, recita el abecedario…

✧ Reformula el mensaje del crítico interior: cambia el lenguaje, cambia el mensaje.

«No soy perfecta, pero sé que lo haré
lo mejor que pueda».

«Pongo toda mi intención en que esto o aquello
salga bien, no puedo exigirme más».

38
MUÉSTRATE AGRADECIDA CON LAS PERSONAS QUE TE IMPORTAN

Hay personas que nos allanan el camino, que nos facilitan la vida en todos los sentidos. Son gente que te apoya en tus decisiones, que se alegra de tus logros, de cada victoria, que te advierte de las piedras con las que vas a tropezarte en el camino, y que no quieren que tú te tropieces. Son tu apoyo, te cogen la mano con fuerza en momentos difíciles, te ofrecen su hombro si necesitas llorar. Son alegría en tu vida y sonríen contigo más y más. Es gente con la que te sientes a gusto, cómoda, con quienes puedes ser tú y notas cómo la vida fluye. Es fácil, te cargan de energía tengas el día que tengas. Es gente que te quiere, te aporta y te nutre.

Si tienes la suerte de contar con alguien así en tu vida, merece la pena que lo valores, porque esa persona es un tesoro. Porque sentirte segura, libre, sin ser juzgada por tu entorno no es nada fácil. Estas personas pueden ser familiares, amigos, tu pareja, compañeros de trabajo…

A veces no valoramos suficientemente a estas personas. A continuación haremos un ejercicio que nos ayudará a reflexionar sobre las bonitas relaciones que iluminan nuestra vida.

EJERCICIO: Mural de las personas importantes

Haz una lista con las personas más importantes que hay en tu vida; piénsalo bien, aquí no puedes poner a cualquiera, solo porque te parezca majo o te caiga bien. Deben aparecer las personas salvavidas, aquellas que hemos comentado en la descripción anterior.

Pon aquí su nombre, su foto y una breve descripción de por qué la has escogido

Escribe una carta de gratitud a cada una de las personas de tu mural. Dales las gracias por estar en tu vida, explícales los motivos por los cuales las has escogido, qué te aportan y cómo te hacen sentir. Si quieres, puedes compartir esta carta con la persona en cuestión, te aseguro que será uno de los regalos más bonitos que le puedes hacer.

La vida es demasiado corta como para rodearnos de personas que no nos valoran, en la cuarta parte veremos cómo rodearnos de un entorno-trampolín y eliminar a las personas tóxicas. Entretanto, te dejo con una pequeña reflexión sobre cómo son las relaciones sanas, por si quieres empezar a analizar cómo es tu entorno.

- ✧ Hay empatía y ausencia de juicios
- ✧ Podemos ser libres y expresarnos con sinceridad
- ✧ Nos ayuda a crecer
- ✧ Sentimos apoyo
- ✧ Nos aceptan tal y como somos, no intentan cambiarnos
- ✧ Es un lugar seguro, estás tranquila y puedes ser nosotras mismas
- ✧ Podemos ser auténticas
- ✧ Hablamos con total libertad y respeto

39
VIVE CON ENTUSIASMO

Vamos a reflexionar de nuevo. Si mantenemos una actitud de agobio y negatividad, motivada por el cansancio que sentimos, por las preocupaciones que nos inquietan, las tareas pendientes que aún arrastramos o por falta de motivación para realizar una determinada labor, nos iremos hundiendo lentamente, superadas por el desánimo y por el peso de toda la carga mental y emocional negativa que llevamos a cuestas.

¿Qué rostro le estás mostrando al mundo? ¿Si pudieras escoger salir cada día con una sonrisa en los labios, acaso no lo harías? Entonces podemos decir que todo es cuestión de actitud, es decir, de tomar la decisión de vivir con entusiasmo (esta frase suena muy a Víctor Kuppers).

Aquí te dejo una serie de claves que en los procesos de coaching que llevo a cabo implementamos desde el minuto uno. Son imprescindibles para empezar a cambiar nuestra mentalidad y disfrutar mucho más de la vida.

El primer ejercicio que te propongo es este: practica el buen humor y sonríe.

Según han demostrado estudios recientes llevados a cabo en la Universidad de Harvard, una sonrisa puede cambiarte el día.

En el siguiente ejercicio te propongo distintas estrategias para que incorpores la sonrisa a tu vida:

EJERCICIO 1:

✧ Empieza cada día de esta semana con la respiración feliz: hacer algunas inspiraciones lentas y profundas, y al exhalar, dibujar una pequeña sonrisa.

✧ Procura que durante esta semana todas tus interacciones con los demás empiecen con una sonrisa (con tu familia, trabajo, amigos, etc.).

✧ Al finalizar la semana, pon por escrito tu reflexión sobre estas experiencias:

....

....

EJERCICIO 2

Mis afirmaciones positivas

Tal como comentábamos en el ejercicio sobre hablarnos bien en referencia a las conexiones de nuestro cerebro, a medida que vayamos repitiendo pensamientos positivos, estos irán creando una nueva red neuronal. De este modo lograrás diseñar tus propias afirmaciones y te convertirás en una persona más entusiasta.

Para crear tus afirmaciones seguiremos estos cuatro pasos:

✧ Identifica aquellas áreas de tu vida en las que deseas mejorar.

✧ Formula las afirmaciones en presente y en primera persona.

✧ Déjalas en sitios visibles, a modo de recordatorio.

✧ Repítelas en voz alta, a ser posible varias veces al día.

Aquí te dejo algunos ejemplos:

Tengo el conocimiento necesario para tomar decisiones correctas.

Quiero y elijo lo mejor para mí.

Me enfoco en lograr mis metas y objetivos.

Y ahora te toca a ti

Mis afirmaciones positivas

....

....

....

....

....

40
NO TE LO GUARDES

Ahora te voy a hablar de cómo cerrar los ciclos adecuadamente. Para comenzar una nueva etapa de la mejor manera y con energía, tenemos que aprender a cerrar ciclos, pero no siempre sabemos cómo hacerlo.

El principal objetivo de cerrar ciclos es hacer las paces con el pasado inmediato, para seguir adelante sin que lo vivido nos afecte ni invada nuestro presente. Todo final implica también un comienzo. Y este comienzo debe centrar toda nuestra atención y nuestro interés.

De lo contrario, podemos seguir aferrados a algo que ya no es, que nos hace daño, pero que por miedo a lo nuevo nos impide pasar página. Por eso te planteo este ejercicio como el último del bloque 3. El bloque 4 va de empoderamiento, de conseguir nuevos objetivos y de empezar el cambio definitivo. Para entrar preparada al bloque 4 necesitas cerrar todo lo que tenías pendiente. Créeme: vivirás más tranquila y tendrás más energía para crecer.

Te propongo que confecciones una lista de personas a las que tengas algo pendiente que decirles, tanto si no se lo has dicho por temor, como si ha sido por vergüenza o porque no te pareció prioritario en su momento. Esto puede aplicarse por igual a los compañeros de trabajo, a la pareja, amigos, familia...

No siempre es fácil hablar cara a cara, o quizá nos resulte imposible porque la persona en cuestión no quiere hablar con nosotras. En ese caso, intentaremos cerrar esa cuenta pendiente con una carta, un e-mail, un mensaje... Hay muchas maneras de comunicarse, y lo haremos esta semana.

Persona	Qué acción haré	Fecha
Examiga	Carta despedida para mí	Lunes

Aunque el hecho de cerrar ciclo implica liberarse de realidades que nos hacen daño, siempre conlleva un duelo. Por eso es necesario que te permitas vivir esa tristeza inherente a todo final y te despidas de la realidad que está por desaparecer.

Puede que este ejercicio sea intenso y te resulte duro. Te animo a que te enfoques en una persona de la lista, y si ves que te resulta difícil acabarlo todo en una semana, retómalo más adelante y lo concluyes tranquilamente.

Registra cómo te sientes

CO	TA	CA	TI	AN	EN	OT
contenta	tranquila	cansada	triste	ansiosa	enfadada	otra

1	2	3	4	5	6	7
8	9	10	11	12	13	14
15	16	17	18	19	20	21
22	23	24	25	26	27	28
29	30	31				

CUARTA PARTE

EMPODÉRATE PARA CONSEGUIR LA VIDA QUE QUIERES

He buscado en el diccionario qué significa *empoderamiento* y he hallado la siguiente definición: «Proceso mediante el cual las personas fortalecen sus capacidades, confianza, visión y protagonismo, para impulsar cambios positivos en las situaciones que viven».

Estamos llegando al último bloque de este libro. Si has completado todos los ejercicios, ya conoces tus fortalezas, tus capacidades y sabes cuál es tu potencial. Has hecho limpieza de todo aquello que te restaba energía y te desviaba de tus objetivos.

Este bloque te preparará para que confíes plenamente en tu potencial y para que logres alcanzar tus metas. Los siguientes ejercicios son como si tuvieras un entrenador al lado que te alecciona para correr una maratón, y que no cesa de decirte que sigas, que tú puedes, que estás preparada. En cuanto lo logres, serás la primera en saber que ya estás capacitada para vivir la vida que te mereces.

Has hecho un gran trabajo, estás en la recta final.

41
QUERIDA YO

Hoy escribirás una carta de amor dirigida a ti. También será una carta de despedida de tu antigua yo. Esa antigua yo insegura, titubeante, que no se conocía a sí misma y no sabía gestionar sus emociones. Puede que lo sientas como una pérdida, pero ha llegado el momento, si realmente quieres avanzar.

No es una carta cualquiera, porque tienes que escribir poniendo el mismo amor con que le hablarías a la persona que más quieres en este mundo. Seguro que le ofrecerías todo tu apoyo, tu compasión, las palabras más bondadosas, mucho ánimo, motivación, tu compañía y todo cuanto necesitase.

Seguro que cuando la escribas te asaltarán las dudas, y puede que eches de menos a tu antiguo yo, pero recuerda siempre el motivo por el cual decides amarte, priorizarte, confiar en ti, y todo lo bueno que ello traerá a tu vida.

Carta a mí misma

42
PRIORÍZATE

Empecemos por una pregunta básica: ¿cuál es tu lista de prioridades?

Si tras pensar en ello descubres que por tu mente desfila una lista interminable de obligaciones, que muchas de estas son prioridades enfocadas a terceras personas, y que a duras penas puedes contar con elementos que se centren en ti misma y en tu autocuidado, siento decirte que, probablemente, si tomas ese camino no harás sino alejarte de aquello que podría hacerte feliz.

Una creencia que tiene mucho que ver con ponernos a nosotras mismas en segundo plano es aquella según la cual cuanto más me entregue a los demás y menos límites me marque, más me querrán. Esta actitud puede conducirnos a depender excesivamente del afecto de los demás y a sentir vacíos emocionales. Para establecer relaciones sanas, de calidad y acorde con nuestros valores, necesitamos poner límites y satisfacer nuestras necesidades.

Eso no te convierte en una persona egoísta, ¡AL CONTRA-RIO! Existe una regla básica e incontestable: si no hago otra cosa que cuidar del jardín ajeno, ¿quién cuidará del mío? Cuando tiendo a priorizar las necesidades ajenas, seguro que estoy descuidando las propias.

La única forma de asegurarnos de que recibiremos amor es cuidando nuestro amor propio, es decir, sintiendo que merecemos recibir amor. Dejar de priorizarnos y anteponer siempre las necesidades de las otras personas a las nuestras es el epicentro de una infinidad de problemas como la ansiedad, las discusiones, la frustración, etcétera. También puede desviarnos de nuestras metas, pues a menudo terminamos cargando con problemas ajenos.

El camino que debes seguir para priorizarte pasa por aprender a poner límites y a decir que no (ya hemos visto cómo hacerlo en los ejercicios 3 y 5). También hemos visto en el ejercicio de «la hora sagrada» cómo dedicarte un poco de tiempo a ti. Pero ahora iremos un poco más allá.

Tienes la agenda repleta de actividades, citas, obligaciones, intentando agradar a todos los que te rodean. Prefieres escuchar y resolver los problemas de los demás antes que los tuyos porque es más fácil y requiere menos esfuerzo. Ahora es tiempo de reflexión, de que hagas un alto, tomes distancia, te observes, te escuches, atiendas tus sentimientos y descubras cómo es la relación que mantienes contigo misma.

7:00	
8:00	
9:00	
10:00	
11:00	
12:00	
13:00	
14:00	
15:00	
16:00	
17:00	
18:00	
19:00	
20:00	
21:00	
22:00	
23:00	
24:00	

Vas a auditar tu día. Emplea esta plantilla que te proporciono para registrar tu rutina diaria. Describe tu día desde que te levantas hasta que te acuestas. Anota las cosas que sueles hacer a diario.

Es normal tener una larga lista de obligaciones, pero esta debe incluir actividades de autocuidado que te resulten gratificantes. Sé que mientras estés elaborando la lista, oirás una voz en tu cabeza que te dirá: «¡Pero si no tienes tiempo!». No te preocupes, en el siguiente ejercicio trabajaremos cómo delegar y buscar ayuda.

A continuación, redacta una lista de actividades de autocuidado que puedan adaptarse a tu rutina actual.

En esta lista incluye, entre otras, las siguientes actividades:

◇ Físicas (yoga, ejercicio, baile, caminatas, dormir, descansar...).

◇ Emocionales (música, escritura, dibujo, disfrutar de aire fresco durante quince minutos...).

◇ Sociales (llamar a un amigo o a un familiar, pedir ayuda, mostrarte afectuosa, pasar tiempo de calidad...).

◇ Mentales (meditar, leer, dialogar contigo misma...).

Dedica al menos treinta minutos diarios a hacer algo que te ayude a sentirte bien.

Descanso	Tiempo para mí
¿Cuántas horas duermes?	Gimnasio, manicura, leer...

Muchas veces cuando empezamos a priorizarnos y a dejar de hacer otras tareas, o pasamos menos tiempo con nuestros niños porque hemos decidido que a esa hora iremos a yoga o leeremos un libro, surge la culpa. Si ese es tu caso, te invito a que te formules las siguientes preguntas, como si analizaras tu vida desde cierta distancia.

Si me viera desde fuera:

✦ ¿Qué pensaría de mí?

....

✦ ¿Qué sentiría por mí?

....

✦ ¿Me ayudaría en algo?

....

✦ ¿Qué admiraría de mí?

....

✦ ¿Qué me diría?

....

✦ ¿Qué haría por mí?

....

43
APRENDE Y EMPIEZA A DELEGAR

Estamos para todos y para todo, menos para nosotras mismas, y un día acabamos sobrepasadas, cansadas, enfadadas, culpables, enfermas, desatendidas, con ganas de llorar, y ya no podemos más. No te dejes para después, delega, reparte y comparte responsabilidades con tu pareja, familia, etc.

Hay varios motivos que nos pueden impedir delegar, y muchos se basan en presunciones que tenemos metidas en la cabeza pero no son ciertas. Por ejemplo, la necesidad de controlar: si no lo haces tú, pierdes el control sobre esa tarea y no sabes cómo va a resultar. Pues lo siento, pero te va a tocar confiar en quien delegues; además, al hacerlo, le estás otorgando un voto de confianza a la otra persona.

Cuando hablamos de delegar asuntos laborales, hay que tener la certeza de que la persona en quien delegamos una tarea está realmente capacitada para llevarla a cabo.

Pensar que si las cosas no se hacen a mi manera ya no están bien hechas es un síntoma de inflexibilidad. Quizá tu pareja no deje la cocina tan limpia como tú, o no prepare la comida de la misma manera. ¿Y qué? ¿Realmente es tan grave?

Otra presunción muy extendida es que hay que asumir el máximo de responsabilidad, creer que una tarea es exclusivamente mía. Y esto no es así. Sabes perfectamente que puedes dejar que lo haga otra persona, solo tienes que proponértelo.

Delegar es un reto y ha llegado el momento de afrontarlo.

La próxima vez que te des cuenta de que te sientes sobrepasada por una situación, pregúntate:

¿De quién es realmente la carga que llevo?

¿Qué puedo hacer para devolvérsela a...?

EJERCICIO 2:

Vamos a suponer que la otra persona (marido, pareja, hijo, hija, compañero de trabajo, amiga…) podría encargarse del 25 por ciento de lo que haces en la actualidad. Elabora una lista con todo lo que necesitas hacer en tu trabajo durante los próximos quince días y cuánto tiempo tendrías que dedicar a cada tarea.

Marca la cuarta parte de todos los elementos de la lista de tareas por delegar.

44
INVIERTE EN TI SIN SENTIRTE CULPABLE

Ahora que dispones de tiempo para ti, porque ya sabes delegar, vamos a elaborar un plan de cuidados integrales. Esto también implica darte algún capricho de vez en cuando, invertir un dinero en ti, sin ese remordimiento que solemos tener.

Pero antes de trazar este «miniplan», hablaremos de ese sentimiento de culpa que nos embarga. Cuando gastamos dinero en los demás, ya sean nuestros hijos, parejas, padres o amigos, nos sentimos felices y satisfechas. En cambio, cuando gastamos dinero en nosotras nos sobreviene un sentimiento de culpa, y esta reacción es mucho más común de lo que creemos. Puede que ello se deba a los mensajes sobre gastar en exceso que nos inculcaron durante la niñez y hemos acabado interiorizando.

Quizá tus padres te influyeron para que considerases que gastar era algo bueno —o, por el contrario, algo malo—, o te inculcaron que no debes pagar para que te hagan lo que puedes hacer por ti misma, como por ejemplo contratar a alguien para que limpie la casa.

En este ejercicio no estamos hablando de gastar grandes cantidades de dinero, sino de gastos que haríamos para otros sin pensarlo dos veces, mientras que si lo gastáramos en nosotras nos sentiríamos mal. Aquí también entran otras creencias inculcadas, como la del merecimiento: me merezco o no me merezco gastar ese dinero en mí.

Así pues, el primer paso consiste en identificar qué pensamientos disparan esta culpa, cuál es su procedencia. Si la compra no excede el presupuesto y descubres que te cuesta disfrutarlo, pregúntate:

+ ¿Por qué siento que no me lo merezco?

....

....

+ ¿Gastas cuando estás triste o estresada?

....

....

En cualquier caso, hay que romper con los prejuicios y permitirse un poco de diversión, de autocuidado, de mimos, de tiempo para una. Por supuesto, en el plan integral de autocuidado que vamos a desarrollar, habrá actividades, planes o bienes que cuesten más que otros, y por eso nuestro plan también contempla vigilar y controlar esos gastos, pues tampoco se trata de despilfarrar porque sí.

Cada día podemos hacer pequeñas cosas que nos ayuden a cuidar nuestro cuerpo, nuestra mente y nuestras emociones. Es todo eso que nos hace sentir bien y nos proporciona bienestar y un estado de satisfacción. Recuerda que es tu responsabilidad cuidar de ti, tú decides en qué invertir tu tiempo y tu dinero. Mientras estés haciendo el ejercicio, deja de pensar tanto en los demás por un momento y piensa solo en ti.

Ideas para cuidar mi mente	Ideas para cuidar mi cuerpo	Ideas para cuidar mis emociones
Yoga, meditación, mindfulness...	Me apunto a hacer pilates u otro deporte que tenga ganas de probar	Me tomo un café con mi mejor amiga, porque me carga las pilas

Como tengo claro que lo que no se agenda no sucede, te propongo otra tarea más para acabar este ejercicio y llevarlo a cabo esta semana. Selecciona como mínimo una actividad de cada recuadro y anótala en tu agenda. Pon día y hora, con quién irás si necesitas a alguien para completar el plan, y adónde irás. Cuanto más específica seas con esto, más fácil te resultará cumplirlo.

Cuidar la mente

Qué haré _____

Con quién _____

Cuándo _____

Dónde _____

Cuidar el cuerpo

Qué haré _____

Con quién _____

Cuándo _____

Dónde _____

Cuidar las emociones

Qué haré
_____

Con quién
_____

Cuándo
_____

Dónde
_____

Lo que escribas en tu agenda debe ser sagrado, si realmente quieres un cambio, necesitas comprometerte a cumplirlo, aunque en un momento dado aparezcan las excusas o los remordimientos, tú sigue. Tienes que reprogramar tu cerebro, hacerle comprender que dedicarte tiempo a ti o invertir dinero en ti está bien, y eso solo lo conseguirás si te pones manos a la obra.

Registra cómo te sientes

CO	TA	CA	TI	AN	EN	OT
contenta	tranquila	cansada	triste	ansiosa	enfadada	otra

1	2	3	4	5	6	7
8	9	10	11	12	13	14
15	16	17	18	19	20	21
22	23	24	25	26	27	28
29	30	31				

45
PONTE GUAPA

¿Sabías que verse bien ayuda a sentirse bien? A veces asociamos el hecho de mejorar nuestra imagen con algo banal o superficial. Pue he de decirte que numerosos estudios científicos han demostrado que estar satisfechas con nuestra imagen contribuye en gran medida a nuestro bienestar. Sentirnos cómodas con nuestro aspecto causa un impacto positivo en nuestras emociones.

Lo cierto es que cuando te miras al espejo y estás cómoda con tu apariencia, inmediatamente te sientes más saludable, enérgica, estable, feliz y con ganas de hacer muchísimas cosas. Piénsalo: ¿alguna vez has estado en casa sin peinarte, ni arreglarte, y te sentías supercansada, como si te pesara todo el cuerpo, sin ganas de salir ni de hacer nada? Por el contrario, ¿alguna vez te has puesto tu mejor vestido, tacones, te has maquillado para salir e inmediatamente te has sentido tan llena de vida que hasta se te ha olvidado que te dolía la cabeza?

Pues este es el poder que te confiere cambiar de imagen.

Así que esta semana vamos a trabajar en crear una imagen con la que te sientas cómoda y favorecida, y la usaremos como herramienta para mejorar tus relaciones de amistad y de pareja, para conocer a más personas, mejorar tus relaciones laborales, hacer nuevas amistades, contactos, y tal vez incluso para llamar la atención de la persona que te gusta o hacer que renazca la pasión en tu relación actual.

Con ello no pretendo ni que te conviertas en una experta en moda ni que cambies todo tu armario; tampoco que de golpe empieces a maquillarte como si no hubiera un mañana, y mucho menos que no te sientas cómoda contigo misma. Lo que vamos a hacer es trabajar cada día un pequeño cambio en tu rutina diaria que te ayude a verte mejor.

Puede que antes te maquillaras y te arreglaras más, pero por diferentes circunstancias has dejado de hacerlo. En mis procesos de coaching lo escucho constantemente. Quizá te suene esto: «Desde que soy madre todo el tiempo es para mis hijos», «me da pereza arreglarme, total para quien me tiene que ver», «antes siempre me ponía muy guapa, pero ahora como trabajo desde casa, me quedo en pijama», «no tengo dinero para comprarme ropa», y así un sinfín de «excusas» que ponemos para no ponernos guapas y empoderarnos.

Verás que las actividades que te propongo las puede hacer todo el mundo:

Lunes: acepta tu cuerpo

EJERCICIO 1:

Concéntrate en lo que te gusta de tu cuerpo. Identificar tus características favoritas puede ayudarte a desarrollar una imagen corporal más positiva. Tómate unos minutos para mirarte en el espejo e identificar tus características corporales favoritas. Regístralas aquí:

....

....

EJERCICIO 2:

Presta atención a todas las cosas que tu cuerpo puede hacer. Quizá puedas mejorar tu imagen corporal concentrándote más en lo que tu cuerpo puede hacer en vez de la forma en que se ve. Aunque no seas atlética, piensa en cómo usas tu cuerpo todos los días.

Por ejemplo, simplemente podrías observar que usas tu cuerpo para abrazar a tus familiares y amigos, para respirar y para sonreír. O si te permite realizar deporte, tocar un instrumento…

Elabora una lista de todas las cosas que tu cuerpo puede hacer y échale un vistazo cuando empieces a concentrarte demasiado en cómo se ve.

Martes: viste con elegancia

Hoy te vas a poner aquel vestido, aquella americana, aquel traje que solo guardas para salir o para días especiales. Te vas a vestir con aquello que sabes que te hace sentir guapa. Deja de guardar la ropa para días especiales, hoy es un día especial.

Miércoles: manos y pies

Hazte un peeling en las manos y en los pies. Revisa cómo está tu manicura y pedicura, si te la haces tú y ya toca, píntate bien las uñas. Si te toca hacértelas en tu centro de estética, pide cita si no la tienes. Antes de irte a dormir ponte una buena crema hidratante (esto deberíamos hacerlo todos los días).

Jueves: día del masaje

Te propongo darte una ducha relajante, hacerte un peeling corporal y después darte un automasaje por todo el cuerpo. Si lo prefieres, puedes reservar hora (si no es para hoy no pasa nada, pero HOY la dejas reservada) para darte un masaje relajante en un centro estético. Ya hemos hablado de cómo invertir en nosotras.

Viernes: come sano

Vas a hacer una lista de la compra para la próxima semana, con la idea de comer sano y equilibrado, evitando las compras de última hora y también comer mal por falta de previsión. No te compliques, todas sabemos que el principal motivo por el que comemos mal es por tomar bollería, alimentos procesados y bebidas azucaradas en casa. Si todo eso no está, y solo compro alimentos que sé que benefician mi salud, y además con previsión de tener para toda la semana, seguro que consigo mi objetivo. Organízate mínimamente los menús para tener claro lo que quieres hacer, y si quieres rizar el rizo, puedes sumarte al *batch cooking*, que te ahorrará tiempo entre semana. Eso ya lo dejo a tu elección.

Sábado: cuida tu cabello

La propuesta es hacerte una mascarilla capilar y peinarte bien el cabello. Si ves que ya se te notan las canas y te molesta ir así, aplícate un tinte tú misma, o bien pide hora YA en la peluquería. Recuerda: invierte en ti, en ponerte guapa por y para ti.

Domingo: rejuvenece

Cuidar nuestra piel es vital. De modo que, si habitualmente no sigues una rutina de autocuidados faciales, hoy vas a aplicarla al cien por cien. Necesitas crema hidratante, crema para la cara con protector solar, maquillaje o una *bbcream* y un jabón limpiador especial para la cara. Hoy te enfocarás en cuidar tu rostro, y este podría ser uno de los hábitos que debes adquirir si aún no está en la plantilla de hábitos que incluye el ejercicio 2. Así que ya lo sabes, hoy, tanto si sales de casa como si no, vas a limpiarte bien la cara, vas a ponerte protector solar (si sales) y una base de maquillaje para verte con mejor color. No hace falta nada más, solo con estos cuatro pasos te verás mucho mejor. Y de regalo, porque sí, píntate los labios de rojo.

Cualquiera de estas propuestas puede convertirse en un hábito y pasar a formar parte de tu rutina. Si quieres, puedes usar la plantilla del ejercicio 2 para incorporar a tu día a día la rutina que te parezca.

46
MAÑANAS PODEROSAS

El modo en que empezamos las mañanas causa un poderoso impacto en el resto del día. Con este ejercicio vamos a hacer que el modo en que empiece y acabe tu día sea un reflejo de cómo es tu vida.

Te cuento dos situaciones distintas y dime con cuál te identificas:

✧ Suena el despertador y le das al botón de posponer cuatro veces. Te da una pereza enorme levantarte, te resistes a iniciar la jornada. Cuando por fin te levantas ya ves que es tarde, casi no te da tiempo ni de prepararte un café. Miras a ver qué te pones. ¡Vaya!, el vestido que querías ponerte está por planchar. Ufff, empiezas a sentirte de mal humor, sales de casa con prisas, chillándole «adiós» desde lejos a tu pareja, hijos, familia… y refunfuñando porque vas a llegar tarde. De camino al trabajo parece que el mundo está en tu contra, la gente conduce lentamente, hoy han soltado a todos los domingueros, semáforos en rojo, y para colmo, no hay aparcamiento cerca. Llegas a tu trabajo a la hora en punto, con el estrés por las nubes y un humor delicado, por llamarlo de alguna forma... Todo ello afectará a lo que te queda de jornada.

✧ Suena el despertador treinta minutos antes del tiempo que necesitas para arreglarte e ir al trabajo. Has decidido que quieres que tus mañanas sean tranquilas y bonitas. Piensas dar una serie de pasos que sabes que te proporcionarán energía para el resto de la jornada. Madrugar un poco te permite dedicar unos minutos a ciertas actividades que te ayudarán a arrancar el día con motivación. Te levantas y abres la ventana para ventilar diez minutos mientras haces unos estiramientos. Te tomas un café con calma y aprovechas para hacer anotaciones en un pequeño diario. Haces la cama, escoges tu ropa tranquilamente y sales de casa con tiempo suficiente como para llegar con cierta antelación al trabajo, aparcar con tranquilidad, estar en tu mesa cinco minutos antes y elaborar una pequeña *to do list* que te permitirá aligerar parte de tu carga mental y organizar el día. Todo ello afectará a lo que te queda de jornada.

¿Cuál de las dos eres? ¿Cuál te gustaría ser?

Yo tengo claro que me quedo con la opción B. Antes era la típica A, por eso tengo claro que no quiero volver atrás, y por eso decidí hace un tiempo cambiar algunos hábitos de mi rutina matinal.

A este respecto, el libro de Hal Elrod *Mañanas milagrosas* es todo un referente. Os recomiendo leerlo para completar este punto.

Debemos tener claras tres lecciones que nos deja en su libro:

◇ El cambio es posible y solo depende de ti.

◇ No importa cuánto duermas, lo que importa es cómo te levantas.

◇ Los pasos que debes dar para cambiar tus mañanas.

Y ahora vamos a crear tus mañanas perfectas paso a paso.

PASO 1: escribe aquí qué te llena de energía por la mañana, qué te gustaría hacer que no hagas, como por ejemplo estiramientos, desayunar bien en vez de comer bollería, etc.

PASO 2: piensa lo que tienes que cambiar para poder adaptar todas estas novedades a tus mañanas. Irte a dormir antes, mirar menos el móvil, escoger la ropa por la noche, etc.

PASO 3: empieza por integrar alguna de las opciones que quieres poner en práctica por las mañanas. Piensa que implementarlas de golpe va a resultar muy complicado, ya que aún no se han convertido en un hábito y tienes que ir incorporándolas progresivamente. De lo contrario, es fácil que al tercer día tu mente te sabotee. Es mejor empezar dedicando diez minutos a una actividad, e ir ampliando el tiempo. Anota aquí qué vas a hacer esta semana, cómo lo harás, qué piensas eliminar hoy mismo y con cuánta antelación tendrás que levantarte de la cama.

....

....

....

Te voy a contar en primera persona mi rutina. Tenía la costumbre de cenar tarde e irme a dormir también tarde, mirando Netflix o Instagram. Decidí intentar cenar antes, ponerme un límite de quince minutos de televisión o pantallas después de cenar. Empecé a leer, diez páginas al día, antes de acostarme. Esto me relaja y hace que mi mente desconecte de la rutina. Me levanto quince minutos antes, me preparo un café con calma, escribo mi lista de tareas del día y así aligero mi carga mental. Estiro diez minutos, me ducho y me visto. Esta es mi rutina, simple, sin complicaciones y sin prisas.

Hora	Actividad	Lunes	Martes	Miér.	Jueves	Vier.	Sábado	Dom.
7:40	Estiramientos							
8:00	Desayuno sano							
8:15								

- ✦ Pinta en VERDE cada recuadro con la actividad que logres cumplir.
- ✦ Pinta en ROJO cuando te la saltes. Te ayudará a motivarte y a llevar un registro de lo que estás consiguiendo.

47
CÓMO PLANTEAR OBJETIVOS SMART

Antes de hablar de objetivos SMART, hay que hacer otro análisis. Ver si persigo los objetivos correctos. Aunque puede que creas que tus objetivos son los apropiados, no siempre es el caso. En realidad, puede que estés tratando de alcanzar ciertas metas porque están de moda o por ganarte la aprobación de los demás.

En resumen, puede que estés cometiendo uno de estos tres errores: idealizar tus objetivos, perseguir un objetivo para obtener la aprobación de los demás, y/o perseguir los objetivos correctos, pero de una manera equivocada.

Puede que hayas visto que una persona que viaja por el mundo trabaja online y es feliz y te parezca una buena manera de vivir, pero tal vez eso no es lo que tú quieres en realidad. O quizá tienes tu propio negocio y podrías hacerlo crecer para ganar más dinero, pero tu objetivo real es no tener gente a tu cargo para ser libre.

Identifica qué es lo que realmente quieres respondiendo las siguientes preguntas:

✦ ¿Este es realmente mi objetivo o es la meta de otra persona?

....

....

✦ ¿Me emociona? ¿Me siento atraído por este objetivo, o me he de esforzar para seguir manteniéndolo y tengo que obligarme a trabajar para conseguirlo?

....

....

✦ ¿Qué obtendré cuando alcance este objetivo?

....

....

✦ ¿Es lo que realmente deseo?

....

....

✦ ¿Seguro que mejorará mi vida?

....

....

✦ ¿Seguiré persiguiendo mis objetivos actuales cuando ya no me importe para nada la opinión de los demás?

....

....

✦ ¿O haré algo que me resulte más emocionante o interesante?

....

....

Una vez que hemos desgranado realmente cuál es nuestro objetivo, cuál es nuestra aspiración, cómo queremos que sea nuestra vida, es el momento de organizar correctamente el plan para alcanzar el objetivo.

Ahora sí que toca hablar de objetivos SMART. Han de ser:

❖ ESPECÍFICOS: qué, cuál, quién, dónde, cómo.

❖ MENSURABLES: han de poder cuantificarse.

❖ ALCANZABLES: dependen de ti.

❖ RELEVANTES: busca un «para qué» que te importe mucho.

❖ DEFINIDOS EN EL TIEMPO: con fecha, anótalos en tu agenda.

A continuación, te mostraré algunos ejemplos para que entiendas qué es un objetivo SMART y qué no lo es:

Objetivos no SMART: quiero aprender inglés, quiero comer mejor, quiero ponerme en forma, quiero ganar más dinero...

Objetivos SMART: quiero ganar un 20 por ciento más al acabar el año, quiero sacarme el nivel *First* en septiembre, quiero prepararme para participar en el triatlón de octubre...

También es importante redactarlo en positivo: no es lo mismo decir «quiero dejar de comer chocolate» que «voy a comer dos piezas de fruta al día».

Ahora te toca a ti. Plantea de forma SMART los objetivos relacionados con las áreas de tu vida. Puedes valerte de la RUEDA DE LA VIDA que aparece en el bloque 2 para formular los objetivos de cada una de las áreas.

Profesión:

Familia:

Relaciones personales:

Vida social u ocio:

Salud:

Dinero:

Desarrollo personal: ....

Amor: ....

Mientras escribes tus objetivos, observa con atención tu diálogo interno y fíjate en si aparecen algunos pensamientos que te digan que no eres capaz, que no te lo mereces, que es imposible.

Escríbelos aquí:

....
....
....
....
....
....
....
....
....
....
....
....
....
....
....
....
....
....
....
....

48
DISEÑA TU DÍA IDEAL

¿Has tenido alguna vez un día perfecto? Uno de esos días en los que cuando te fuiste a la cama pensaste: «Quisiera que cada uno de mis días fueran exactamente como este»? ¿Un día en el cual te sentiste feliz, realizada y agradecida por los momentos que viviste o por lo que lograste profesionalmente? No hablo de un día especial como el de tu casamiento o el del nacimiento de tu primer hijo; me refiero a un día que formase parte de tu rutina diaria.

Según Brendon Burchard, experto en temas de motivación personal y profesional, es muy importante diseñar tu día prototipo de día ideal para poder hacerlo una realidad. El objetivo es que todos los días tengamos un motivo para levantarnos. Se trata de sentir ilusión y de querer vivir plenamente cada día, sin importar que sea lunes o sábado.

Aquí te dejo una serie de preguntas que te ayudarán a desgranar cómo te gustaría que fuera tu día perfecto. Y a continuación, te adjunto una guía para que puedas crear el tuyo.

✦ ¿Cuándo fue la última vez que tuviste un gran día y por qué?

✦ ¿Qué hiciste ese día? Quizá probaste algo nuevo, trabajaste en un proyecto que te apasiona o quedaste con tus amigos.

✦ ¿Qué es lo que más deseas hacer a diario?

✦ Si solo pudieras realizar cada día una actividad que te gustara, ¿cuál elegirías?

✦ ¿Qué actividades te harían sentirte completamente satisfecha al final de la jornada?

✦ ¿Cómo le describirías tu día ideal a tu mejor amigo?

✦ ¿Hay algo que te gustaba hacer en el pasado y que ya no haces?

Ahora te toca a ti imaginar, crear tu día ideal.

Con tiempo y tranquilidad, apunta en un papel o libreta cómo sería tu día ideal. Imagina que todo es posible. Detalla al máximo. A qué hora te levantas, dónde vives, cómo vas vestida, cuánto dinero ganas, cómo vas al trabajo, o si trabajaras en casa, cómo es tu casa, en qué consiste tu trabajo, quiénes y cómo son tus amigos, qué comes, qué ejercicio haces, etc. Si tienes pareja, hijos, mascota, cómo te sientes, cómo te ves… si haces deporte, qué días descansas, viajas, lees, meditas. Qué actividades realizas para cuidarte…

Mi día ideal...

_____
_____
_____
_____
_____

Tal como hiciste con los objetivos SMART, examina qué pensamientos te han venido a la mente, qué creencias han surgido, si te ves capaz o no, si sientes que es posible…

Escríbelos aquí:

....
....
....
....
....
....
....
....
....
....
....
....

Registra cómo te sientes

CO	TA	CA	TI	AN	EN	OT
contenta	tranquila	cansada	triste	ansiosa	enfadada	otra

1	2	3	4	5	6	7
8	9	10	11	12	13	14
15	16	17	18	19	20	21
22	23	24	25	26	27	28
29	30	31				

49
ELIMINA LAS EXCUSAS

Cuando sentimos miedo o nos parece que no lograremos algo que nos hemos propuesto, inventamos historias para convencernos de que tenemos razones de peso para no hacer nada. Siento ser tan franca, pero el primer paso para eliminar barreras que nos impiden conseguir lo que nos proponemos es tener claro que nos estamos mintiendo a nosotras mismas.

En los ejercicios 46 y 47 has anotado las creencias y pensamientos que te venían a la mente cuando planteabas objetivos de futuro. Vamos a buscar estas dos listas y trabajaremos con ellas. El ejercicio sobre las creencias limitantes ya nos sirve en parte para identificar cuáles son nuestras barreras mentales. También puedes revisarlo.

Pero ahora quiero que trabajemos con las creencias que han surgido al pensar en nuestro futuro, que es incierto, puesto que no sabemos qué sucederá. De esta incertidumbre es de donde surgen pensamientos del tipo «no lo voy a conseguir», «esto es imposible», «solo es un sueño», «a mí esto no me va a pasar»…

Ante tantas inseguridades, lo que debemos hacer es pasar por este filtro todas esas creencias, a fin de transformar nuestro discurso interno. A continuación escribiremos la creencia y los argumentos en contra. Por ejemplo:

Creencia personal:

«No me darán ese puesto de trabajo».

Razones por las que no es cierto:

«No puedo saber con certeza qué decisión tomará otra persona».

«Tengo habilidades y capacidades que me hacen apta para este trabajo».

«Ya me han aceptado anteriormente en otros trabajos».

Creencia o pensamiento:

. . . .

Escribe tres argumentos que demuestren objetivamente que esas creencias no son ciertas:

. . . .

. . . .

. . . .

Creencia o pensamiento:

....

....

....

Escribe tres argumentos que demuestren objetivamente que esas creencias no son ciertas:

....

....

....

Creencia o pensamiento:

....

....

....

Escribe tres argumentos que demuestren objetivamente que esas creencias no son ciertas:

....

....

....

La mayor parte del tiempo no cumplimos lo deseado porque nosotras mismas nos limitamos con excusas. Ahora ya sabes cómo argumentar a tu favor para alcanzar tus metas.

50
Un *Vision Board* de tu Vida

Cuando visualizas algo, estás dando el primer paso para hacerlo realidad, y aunque tal afirmación parezca un mito, en realidad se sustenta en la ciencia. Así que vamos a visualizar tu futuro.

Un *vision board* es un panel formado por imágenes, colores, frases o palabras que representan lo que quieres ser, sentir, hacer o tener en tu vida. El *vision board* sirve para plasmar visualmente tus objetivos y sueños, sirve para tenerlos claros y centrarte en lo importante durante todo el año. A continuación, te explicaré cómo se confecciona un *map board*. ¡Manos a la obra!

◇ Busca tus objetivos SMART en el ejercicio que ya hicimos.

◇ Recopila imágenes, retales, objetos, fotos, colores, frases y palabras que te emocionen e inspiren. Ya puedes ir creando el *collage*, pero todavía no fijes nada con cola.

✧ Elige el mejor emplazamiento para tu *vision board*. Como ya hemos comentado, vas a tener que verlo todos los días, así que mira bien dónde quieres colocarlo.

✧ Elige el soporte en función de las imágenes recopiladas, los colores, el tamaño del *vision board*, etc. Puedes utilizar un panel de corcho, una tela fijada a la pared, una pizarra, un marco antiguo o, más sencillo todavía, pegarlo todo directamente en la pared con *washi tapes*, por ejemplo.

51
AUTOMOTIVACIÓN

¿Te notas bloqueada o abrumada con frecuencia? ¿Sientes que no te da la vida? Esto se debe a que tu mente está desordenada. Probablemente esté llena de: Proyectos inacabados, Preocupaciones innecesarias, Tareas poco productivas, Distracciones innecesarias y/o Objetivos imprecisos.

En resumidas cuentas, en vez de estar centrada, tu mente se encuentra dispersa. Y todo este ruido mental constante que experimentas cada día te hace sentir descentrada, estresada y agotada.

Ya hemos visto en los ejercicios anteriores cómo formular los objetivos correctamente, cómo queremos que sea nuestro día a día, y a tal fin hemos creado nuestro propio *map board*.

Hasta ahora, en este libro hemos realizado un trabajo de autoconocimiento muy importante, por lo demás indispensable para llegar a la automotivación:

EJERCICIO «cuáles son mis valores».

EJERCICIOS «cuáles son mis creencias limitantes», «cuáles son mis percepciones y cuál es la realidad».

EJERCICIO «a qué le tengo miedo».

EJERCICIO «qué fortalezas y talentos poseo».

EJERCICIO «cómo eliminar preocupaciones».

El autoconocimiento es fundamental porque la cosa no va de cómo quiero vivir, sino de quién quiero ser. Ese será el motor que nos impulsará hacia la consecución de nuestras metas. Si tengo claro lo que quiero y para qué lo quiero, siempre tendré un «motivo» por el cual seguir.

Para ello contamos con distintas herramientas que nos ayudarán a analizar nuestro día a día, y a detectar cuáles son las causas de que nos sintamos poco productivas o de que procrastinemos.

A continuación, te propongo una serie de ejercicios encaminados a que sigas ordenando tu mente. Ahí va el primero:

EJERCICIO 1

Autorreflexión

Dedicar unos pocos minutos al día a reflexionar es una forma muy efectiva de mejorar. Cuando analices lo que te ha sucedido durante el día, considera plantearte estas preguntas:

✦ ¿Qué he hecho bien hoy?

....
....
....

✦ ¿Qué podría haber hecho mejor?

....
....
....

✦ ¿Qué puedo aprender del día de hoy?

....
....
....

✦ ¿Qué haré de forma distinta mañana?

....
....
....

EJERCICIO 2

El reto de los siete días sin quejarse

Durante los próximos siete días evita quejarte en voz alta o mentalmente tanto como puedas. Si lo logras, te darás cuenta de que quejarte suele ser tu recurso para evitar emprender acciones constructivas. Quejarse es el camino fácil, por eso la mayoría de la gente suele consentirlo. Para ayudarte en este reto, ponte una pulsera de goma en la muñeca y haz una muesca cada vez que te quejes de algo.

EJERCICIO 3

Cuantifica tu productividad

Al final de la semana, revisa todas las actividades que has realizado. Céntrate solo en las tareas que consideras productivas y cuenta el número de horas que has estado trabajando en ellas.

✦ ¿Qué habría pasado si no hubiera completado una determinada tarea esta semana?

....

....

....

✦ ¿En qué tareas importantes podría haber trabajado pero no lo hice? ¿Por qué?

....

....

....

✦ ¿Qué podría haber hecho para ser más productiva?

....

....

....

Y ahora vamos a ir un poco más allá. La procrastinación suele darse porque constantemente estamos procurando evitar el dolor y la incomodidad, y buscando el placer. Cuando una tarea nos parece difícil, aburrida o nos da miedo, buscamos distintas formas de distraernos con una actividad agradable que nos recompense proporcionándonos una dosis rápida de dopamina —el neurotransmisor responsable del placer en el cerebro.

EJERCICIO 4

Analiza tus distracciones y cuál es el motivo real que las causa

✧ Miedo a que el trabajo que vas a realizar no sea suficientemente bueno. Puede que sientas que una tarea es demasiado difícil y no te veas capaz de llevarla a cabo.

¿Procrastinas por miedo? Si es así, ¿qué puedes hacer al respecto?

....

....

En el ejercicio «valora tus logros» aprendimos que, si somos capaces de valorar positivamente los logros que hemos alcanzado en el pasado, nos sentiremos más fuertes y capaces para asumir futuros retos, aunque estos nos produzcan cierto temor.

✧ Falta de claridad respecto a lo que necesitas hacer o a cómo hacerlo. Las siguientes preguntas te ayudarán a tener más claro cómo actuar:

¿Qué necesito hacer exactamente?

....

....

¿Qué estoy intentando lograr?

....

....

¿Qué resultado busco exactamente?

....

....

✧ Falta de energía

Todas conocemos nuestro cuerpo, y sabemos en qué momentos estamos más despiertas o con más ganas de trabajar. Aprovecha esta información para organizar tu día de manera que desempeñes las tareas que requieren mayor esfuerzo cuando estés a tope de energía. Si nos guardamos una tarea compleja para última hora del día, cuando nuestra cabeza ya no da para más, lo que haremos será posponerla.

Haz una lista con las tareas del día que requieren más esfuerzo y otra con tareas que puedes hacer con más facilidad. Luego repártelas a lo largo de la jornada en función de tu energía.

	Tareas más exigentes	Tareas menos exigentes
Ejemplo: redactar proyecto para la empresa X.		Ejemplo: enviar e-mail para confirmar asistencia reunión

52
EMPODERAMIENTO

Vamos a definir qué es esto del empoderamiento. Podríamos decir que es una forma de liderazgo que consiste en recuperar o aumentar la fortaleza o el poder de una persona. Quien se siente empoderado sabe decir no, sabe cuáles son sus virtudes y defectos, sabe cuestionar las cosas, y se siente con fuerzas y con motivación para conseguir sus objetivos.

El empoderamiento se alimenta de reconocer nuestras fortalezas, de ser conscientes de nuestros logros, de identificar las creencias que nos pueden sabotear, y de tener claro lo que queremos conseguir, aunque no siempre sepamos cómo. En definitiva, de tener una confianza de hierro en una misma.

Aquí también influye nuestra actitud, o nuestro pensamiento positivo. Ya hemos visto cómo desprendernos de lo que nos resta, cómo mejorar nuestros hábitos y cómo enfocar la mente en lo positivo con un diario de gratitud y una buena gestión emocional.

Todos estos puntos ya los hemos trabajado en este libro, así que te aconsejo que lo revises si sientes que en algunas cuestiones sigues teniendo dudas. Porque ahora viene un ejercicio para el cual necesitarás tener la confianza al cien por cien.

Lo primero que has de hacer para emprender este viaje es llenar tu mochila de confianza en ti misma, y lo harás en cuatro pasos:

PASO 1: VÉNDETE

Redacta en pocas palabras tus virtudes, como si quisieras venderte para que te contrataran como directora de la película que has creado en tu *Vision board*. Tienes que convencer de que puedes conseguir ese mapa del futuro.

PASO 2: ENFÓCATE. Vuelve a tus objetivos smart

Escoge tres objetivos de todos los que anotaste que quieras cumplir a corto plazo. Ponles fecha de inicio.

OBJETIVO 1:

OBJETIVO 2:

....

OBJETIVO 3:

....

PASO 3: conquista tus miedos

Haz un listado-resumen de todos tus logros, cualidades y habilidades que has conseguido hasta el día de hoy. Recuerda que a veces hemos dudado de poder conseguir un reto, y tener claro lo que nos ha ayudado a superarlo puede resultarnos de gran ayuda en esos momentos en que el miedo hace acto de presencia.

CUALIDADES:

....

HABILIDADES:

....

LOGROS:

....

PASO 4: El fracaso es inevitable, pero también lo es el éxito

Hazte tuya la siguiente creencia: «Mi éxito es inevitable».

Adopta la creencia de que el éxito es inevitable si aprendes a utilizar el poder de la confianza.

Recuerda que:

+ Puedes utilizar tus pensamientos para dar forma a tu realidad.

+ Si otros pueden, tú puedes.

+ Siempre puedes mejorar.

+ Si puedes hacer algo una vez, puedes repetirlo.

+ Eres capaz de resolver las cosas.

+ El fracaso es inevitable y conduce al éxito a largo plazo.

Si te concedes un tiempo lo suficientemente largo, puedes lograr casi cualquier cosa que desees. Así que empieza a actuar como si tu éxito fuera inevitable, y verás cómo cambian las cosas para ti.

53
ESTO SOLO ES EL COMIENZO

Recuerda, no existe una fórmula secreta para alcanzar las metas que te has propuesto. No hay un camino único, ni sencillo, ni tampoco existe el famoso «momento ideal». Una vez que decidas iniciar este o cualquier proceso que implique cambios en tu vida, deberás afrontar complicaciones e imprevistos.

✧ SÉ FLEXIBLE:

Sea cual sea tu meta y el plan que te hayas trazado para cumplirla, es importante que hagas espacio para posibles imprevistos o errores.

Recuerda que no tienes el control de lo que sucede fuera, y el hecho de que algunos detalles no salgan como los habías planificado no tiene por qué ser razón para desmotivarte.

Bastará reajustar el plan, redireccionar tus pasos y retomar el cumplimiento de los objetivos. Mantener la mente abierta a la posibilidad de que algún acontecimiento fortuito cambie el rumbo te permitirá adaptarte mejor si eso llegara a suceder.

✧ SÉ CONSTANTE:

Seguro que puedes alcanzar tus metas, pero debes tener presente que este es un trabajo continuo y que, dependiendo del objetivo, puede llevar más tiempo del que en principio creías.

Incorpora recordatorios para ayudarte a mantenerte encaminado y sigue horarios regulares para llevar a cabo tu plan.

Comparte con tu entorno tus objetivos, es una manera de reforzar el compromiso contigo misma, de recibir el apoyo de quienes te rodean y de tener que responsabilizarte de lo que has explicado que vas a hacer.

Aquí tienes una plantilla para doce meses en la que podrás escribir tus objetivos y hacer un seguimiento de cómo los llevas. Divide tus objetivos grandes en objetivos pequeños mensuales. Recuerda que una meta te conduce a otra meta.

Cuando aparezcan las dificultades o la motivación quede oculta, recuerda por qué comenzaste, recuerda tus esfuerzos y motivaciones, recuerda que emprendiste este camino con la intención de potenciar tu bienestar.

A lo largo del camino el rumbo puede ir cambiando, pero distintos senderos pueden conducirte a un mismo lugar: tu objetivo.

Tienes los recursos suficientes para confiar en ti. Así que cree en ti.

Registro logro objetivos

ENERO

Deporte

☐ ☐ ☐ ☐ ☐ ☐ ☐
☐ ☐ ☐ ☐ ☐ ☐ ☐
☐ ☐ ☐ ☐ ☐ ☐ ☐
☐ ☐ ☐ ☐ ☐ ☐ ☐
☐ ☐ ☐ ☐ ☐ ☐ ☐

Inglés

☐ ☐ ☐ ☐ ☐ ☐ ☐
☐ ☐ ☐ ☐ ☐ ☐ ☐
☐ ☐ ☐ ☐ ☐ ☐ ☐
☐ ☐ ☐ ☐ ☐ ☐ ☐
☐ ☐ ☐ ☐ ☐ ☐ ☐

Mejora laboral

☐ ☐ ☐ ☐ ☐ ☐ ☐
☐ ☐ ☐ ☐ ☐ ☐ ☐
☐ ☐ ☐ ☐ ☐ ☐ ☐
☐ ☐ ☐ ☐ ☐ ☐ ☐
☐ ☐ ☐ ☐ ☐ ☐ ☐

Comida sana

☐ ☐ ☐ ☐ ☐ ☐ ☐
☐ ☐ ☐ ☐ ☐ ☐ ☐
☐ ☐ ☐ ☐ ☐ ☐ ☐
☐ ☐ ☐ ☐ ☐ ☐ ☐
☐ ☐ ☐ ☐ ☐ ☐ ☐

Tiempo en familia

☐ ☐ ☐ ☐ ☐ ☐ ☐
☐ ☐ ☐ ☐ ☐ ☐ ☐
☐ ☐ ☐ ☐ ☐ ☐ ☐
☐ ☐ ☐ ☐ ☐ ☐ ☐
☐ ☐ ☐ ☐ ☐ ☐ ☐

Vida social

☐ ☐ ☐ ☐ ☐ ☐ ☐
☐ ☐ ☐ ☐ ☐ ☐ ☐
☐ ☐ ☐ ☐ ☐ ☐ ☐
☐ ☐ ☐ ☐ ☐ ☐ ☐
☐ ☐ ☐ ☐ ☐ ☐ ☐

Instrucciones

✧ Imprime tantas hojas como necesites, en cada una te caben 6 objetivos.

✧ Cada día debes pintar del color que corresponda, en cada objetivo, según el tiempo que le hayas dedicado.

✧ A final de mes verás con facilidad a qué objetivo estás dedicándole más tiempo y podrás hacer los ajustes necesarios.

COLOR ROJO
Poco / Nada

COLOR AMARILLO
Poco

COLOR VERDE
Bien / Muy bien

Registro logro objetivos

Deporte

☐ ☐ ☐ ☐ ☐ ☐ ☐
☐ ☐ ☐ ☐ ☐ ☐ ☐
☐ ☐ ☐ ☐ ☐ ☐ ☐
☐ ☐ ☐ ☐ ☐ ☐ ☐
☐ ☐ ☐ ☐ ☐ ☐ ☐

Inglés

☐ ☐ ☐ ☐ ☐ ☐ ☐
☐ ☐ ☐ ☐ ☐ ☐ ☐
☐ ☐ ☐ ☐ ☐ ☐ ☐
☐ ☐ ☐ ☐ ☐ ☐ ☐
☐ ☐ ☐ ☐ ☐ ☐ ☐

Mejora laboral

☐ ☐ ☐ ☐ ☐ ☐ ☐
☐ ☐ ☐ ☐ ☐ ☐ ☐
☐ ☐ ☐ ☐ ☐ ☐ ☐
☐ ☐ ☐ ☐ ☐ ☐ ☐
☐ ☐ ☐ ☐ ☐ ☐ ☐

Comida sana

☐ ☐ ☐ ☐ ☐ ☐ ☐
☐ ☐ ☐ ☐ ☐ ☐ ☐
☐ ☐ ☐ ☐ ☐ ☐ ☐
☐ ☐ ☐ ☐ ☐ ☐ ☐
☐ ☐ ☐ ☐ ☐ ☐ ☐

Tiempo en familia

☐ ☐ ☐ ☐ ☐ ☐ ☐
☐ ☐ ☐ ☐ ☐ ☐ ☐
☐ ☐ ☐ ☐ ☐ ☐ ☐
☐ ☐ ☐ ☐ ☐ ☐ ☐
☐ ☐ ☐ ☐ ☐ ☐ ☐

Vida social

☐ ☐ ☐ ☐ ☐ ☐ ☐
☐ ☐ ☐ ☐ ☐ ☐ ☐
☐ ☐ ☐ ☐ ☐ ☐ ☐
☐ ☐ ☐ ☐ ☐ ☐ ☐
☐ ☐ ☐ ☐ ☐ ☐ ☐

CONCLUSIÓN

Hace poco oí una frase y me la apunté en mayúsculas en un papel; la tengo en mi despacho para leerla cada día.

LOS SUEÑOS NO SE CUMPLEN COMO QUIEN CUMPLE AÑOS, LOS SUEÑOS SE MADRUGAN, SE ESTUDIAN, SE TRABAJAN, Y A LO MEJOR ALGÚN DÍA ESTOS SUEÑOS SE CUMPLEN.

Lo que está claro es que todo aquello que dependa de mí para cumplir mis sueños, lo que esté en mi mano, lo voy a hacer. Crear la vida que quiero vivir es una de mis metas, la estoy construyendo cada día.

Puedo decir que empecé a reescribir mi historia con treinta y un años. Empecé de cero en muchos sentidos. Estoy muy contenta del rumbo que estoy tomando, porque yo lo decido, yo diseño y yo construyo.

Espero que con este libro tú también hayas empezado a diseñar y a construir tu vida, tu mapa de los sueños por cumplir. Espero que esto solo sea el principio de algo grande, y espero que de verdad consigas todos tus sueños.

Seguiré trabajando en desgranar toda la teoría que estudio, seguiré transformando esta teoría para «bajarla a tierra» y aplicarla en mi vida. Y cada vez que vea resultados en una actividad o en una rutina la compartiré con vosotras. Podréis seguirlas en mis redes, o en mis talleres, o en mis procesos de coaching, tanto grupales como individuales.

El otro día nos reímos con una amiga cuando le expliqué: «He acabado el libro con 52 ejercicios... Pero es que, si me pongo, me salen 52 ejercicios más». Y ella va y me dice: «Pues venga, a por la segunda parte». Las dos nos reímos a carcajadas con la ocurrencia. Pero, quién sabe....

¿Habrá segunda parte?

Muchas gracias por confiar en mí.

MARTA

AGRADECIMIENTOS

A todos los que me habéis acompañado hasta los treinta y un años… y a todos los que me habéis ayudado a reconstruirme después. Sobre todo a ti, Alberto.

Me doy las gracias a mí misma, por haber usado el miedo como impulso y haber conseguido llegar donde estoy ahora.